Bärbel Manaar Drechsler

Der kleine Hassan

Illustriert von Linni Lind

Der kleine Hassan

„Hallo, halloooo!" Hassan, noch halb im Schlaf, blinzelt mit den Augen. „Hallo!", klingt es wieder sehr leise. Dann reißt er die Augen auf, hebt erschrocken den Kopf vom Kissen und setzt sich aufrecht auf das Bett. Er sieht sich um, es ist alles noch finster, durch das geöffnete Fenster dringt angenehm kühle Luft herein, sanftes Mondlicht erhellt schwach das Zimmer. Es ist niemand im Zimmer. Er schaut auf die Uhr mit den Leuchtziffern, es ist noch viel Zeit bis zum Aufstehen und Frühstücken. Langsam lässt sich der Junge wieder auf das Bett zurückfallen, streckt sich und gähnt. Allmählich fallen seine Augenlider wieder zu, aber bevor sie vollends geschlossen sind, ruft die leise Stimme wieder. Sie klingt ruhig, warm und einschmeichelnd. „Wir sind das, na wir hier! Sieh aus dem Fenster!" Mit weit aufgerissenen Augen stützt sich Hassan auf einen Arm und blickt in die Richtung, aus der die Stimme kam. Schnell setzt er sich wieder auf das Bett und wischt sich mit beiden Händen über die Augen. Durch die Finger hindurch sieht er, wie zwei, nein drei, Sterne ihm zublinzeln. Das kann doch nicht sein! Sein Blick geht durch die Finger zum Spiegel, denn dort bewegt sich etwas: Die Mondsichel schaukelt wie eine Wiege hin und her. Nun vollends munter wirft er die Decke von seinen Beinen, springt aus dem Bett und läuft zum offenen Fenster. „Friede mit dir, kleiner Mann, Friede mit dir." Der Mond lächelt ihm freundlich zu. „Wir wollten dich nicht erschrecken."

Hassan kann es noch nicht so richtig fassen, träumt er noch? Vorsichtshalber sagt er auch „Friede mit euch! Seid ihr echt und könnt ihr sprechen?" „Natürlich können wir das, aber nur zu besonderen Menschen." Die Sterne kichern sich gegenseitig zu, dabei erzittern ganz leicht ihre Sternenarme. Ein Stern, der kleinste von ihnen wispert ihm zu: „Und so ein ganz besonderer kleiner Junge bist du. Wir haben dich schon einige Tage lang beobachtet, wie du noch vor der Morgendämmerung aufgestanden bist, gegessen hast und dann gebetet. Das hat uns sehr gefallen. Und abends, du hast uns noch nicht richtig am Himmel wahrnehmen können, haben wir gesehen, wie du mit deiner Familie zuerst ein Schluck Wasser getrunken und dann eine Dattel gegessen hast. Das ist das Zeichen für Fastende." Der Stern neben ihm ergänzt: „Wir haben die Sonne gefragt nach dir, als sie an uns vorbeizog, und sie bestätigte, was wir schon von dir erhofft hatten. Sie erzählte uns, wie du gegen den Wunsch zu trinken angekämpft hast, wie schwer es dir gefallen war, beim Waschen nicht doch einen Schluck zu trinken. Die Sonne, so sagte sie uns, hat ganz genau dein Kopfschütteln bemerkt." Der Mond mit seiner warmen Stimme sagt: „Du bist noch klein, du brauchst noch nicht zu fasten, dass du es aber dennoch getan hast, das hat uns sehr gefreut und deshalb dürfen wir auch mit dir sprechen." Hassan setzt sich vorsichtig auf das Fensterbrett und streckt die Arme nach den Sternen aus. Bedauernd schütteln sich die kleinen Sterne: „Wir können dich nicht berühren, du weißt doch, jeder von uns hat seine vorgeschriebene Bahn, die wir nicht verlassen dürfen. Wir sind weit von dir entfernt, und nur weil du etwas ganz Besonderes bist durch dein Bemühen und Anstrengung in diesem heiligen Monat, können wir uns dir nahe zeigen. Ein Engel ist zu uns gekommen und hat befohlen, dir in deinen Träumen zu sagen, wie sehr deine Anstrengung gelobt wird." Hassan lässt die Arme wieder sinken und überlegt kurz: „Ihr seid doch sehr alt und habt bestimmt schon viel erlebt und gesehen. Könnt ihr mir etwas davon erzählen, vielleicht vom Propheten Muhammad, als er noch klein war." „Natürlich kennen wir ihn", erwidert der Mond, „wir hatten immer unsere Freude an ihm, wenn wir ihn sahen. Einmal musste ich doch laut lachen. Der Großvater Abd al-Muttalib liebte es auf einem Polster ganz nahe im Schatten der Kaaba zu sitzen. Eines Tages, ich konnte es sehen, weil ich noch nicht untergegangen war, hatte sich der kleine Muhammad auf dieses Kissen gesetzt. Seine älteren Onkel kamen angelaufen und sagten ihm, dass er aufstehen solle und dass es sich nicht gehöre, auf diesem Ehrenplatz zu sitzen. Aber er ließ sich nicht fortscheuchen. Als der Großvater dann kam, nahm er Muhammad in Schutz und erklärte: ‚Lasst meinen Sohn in Frieden, denn bei Gott, eine große Zukunft erwartet ihn!' Ich musste deshalb lachen, weil ich sah, wie betreten und verwirrt die Onkel danach waren."

Der Mond muss darüber wieder so sehr lachen, dass es ihn hin und her schaukelt wie ein Boot. Er fährt fort: „Später, der kleine Junge Muhammad muss so sieben Jahre alt gewesen sein, durfte er sich sogar zum Großvater mit auf das Kissen setzen, wenn Rat gehalten wurde. Stell dir vor, da sitzen lauter alte Männer, eigentlich alles Großväter und ein kleiner Junge wird um seine Meinung gefragt. Wie klug muss dieser Junge schon damals gewesen sein." Für eine Weile spricht danach niemand mehr. Hassan stellt sich diesen kleinen Jungen vor, barfüßig, mit weißem Kittel, langem schwarzen Haar und großen Augen. Er denkt: „Wenn ich mich bemühe und anstrenge, ob ich dann auch so klug werde?"

Langsam geht Hassan wieder zu seinem Bett, schlüpft unter die Decke und winkt der Mondsichel und den drei kleinen Sternen zu. Ein letzes Blinzeln von ihnen, was bedeuten soll „Schlaf gut und Friede mit dir auf deinem Weg!" und dann ist wieder Stille. Auch er blinzelt noch einmal mit seinen Augen und schließt sie dann. Seine Gedanken sind noch bei dem kleinen Jungen, der Muhammad hieß, dann gleitet er langsam wieder in den Schlaf.

Hassan und die Reise seiner Eltern nach Mekka

Hassan sitzt rittlings auf der Fensterbank, ein Bein baumelt draußen, das andere steht mit dem Fuß auf dem Stuhl vor dem Fenster. Er lehnt sich an den Fensterrahmen und schaut hinaus in den dunklen Garten. Er kann nicht schlafen, immer wieder muss er an seine Eltern denken, die eine weite Reise unternommen haben. Er und seine ältere Schwester sind allein in der Wohnung. Natürlich kommt er gut mit seiner Schwester Fatima aus, er mag sie sehr, obwohl sie viel älter ist. Nur ab und zu sieht die Schwester seiner Mutter nach ihnen. Er wünscht sich sehr, dass seine Eltern gerade jetzt, in diesem Moment, auch den Mond ansehen und an ihn denken. Hier leuchtet der Mond ganz oben am Himmel - wo befindet er sich wohl in Mekka? Bittend sieht er zu ihm hinauf und  sagt ganz leise: „Lieber Mond, ich bitte dich, wenn du mich hörst, schicke einen Kuss von mir an Mama und Papa, sage ihnen, dass ich sie vermisse." In diesem Moment strahlt der Mond für eine klitzekleine Sekunde ganz hell, fast so hell wie die Sonne. Hassan schließt schnell die Augen und öffnet sie dann wieder ganz weit, erschrocken hält er sich krampfhaft am Fensterrahmen fest. Eine leise Stimme dringt an sein Ohr, wie Samt, so weich erklingt sie. Wer spricht da? Er sieht in das Dunkel des Gartens, dreht den Kopf hin und her, kann dort aber niemanden entdecken. Da leuchtet der Mond wieder etwas heller, was heißt: Ich bin es, der Mond. Hassan reibt sich die Augen und sieht noch einmal hin. Letzte Nacht hat er vom Mond geträumt und von drei kleinen Sternen. Träumt er nun weiter oder spricht wirklich der Mond zu ihm? „Hallo, kleiner Mann, wie geht es dir? Friede mit dir, salam alaikum." Ja, das ist seine Stimme, er kann sich jetzt ganz genau an seinen Traum erinnern; aber wo sind die Sterne, da waren doch noch drei Sterne? Als hätten sie seine Gedanke erraten, wispert es leise: „Hier sind wir, dreh dich ein wenig um." Etwas weiter links vom Mond kann er

sie nun auch erkennen. Sie blinzeln ihm wieder zu und raunen leise: „Solltest du nicht schon längst schlafen?" Seine Augen werden feucht und ganz langsam rollt eine Träne über seine Wange, verschämt wischt er sie fort. Seine Stimme zittert leicht, als er zaghaft antwortet: „Ich vermisse meine Eltern, ich vermisse das Vorlesen meiner Mutter, wenn ich ins Bett gehe und ich vermisse den Nachtkuss meines Vaters, sein Bart kitzelt mich immer so schön. Sie sind jetzt in Mekka. Sie haben mir von ihrer Pilgerreise erzählt, dass sie ganz wichtig ist im Leben eines Muslims und dass ich, wenn ich groß bin, auch einmal diese Reise, so Gott will, machen werde." Und ganz leise, nur für sich selber, sagt er dann noch: „Sie fehlen mir dennoch!" Aufmunternd sagt darauf der Mond: „Weißt du was, wir erzählen dir etwas von Mekka, vielleicht wirst du dann ein bisschen beruhigt sein. Seit Jahrtausenden beobachten wir nun schon diese Pilgerreisen. Da kann man viel erzählen." Schon etwas froher setzt sich Hassan zurecht, lehnt sich mit dem Rücken wieder an die Außenkante des Fensterrahmens und blickt erwartungsvoll nach oben in den Himmel, zum Mond und den Sternen. „Weißt du, zu dem Heiligtum in Mekka, zur Kaaba, wurde schon gepilgert, bevor der Islam dort einzog. Die Pilger brachten ihre eigenen Götter mit, die natürlich reich beschenkt werden mussten. Deswegen wurden Märkte abgehalten und die Menschen dort wurden immer reicher und hochmütiger. Auch unser Prophet Muhammad stammt von dort, aber er hat niemals diese Götter angebetet. Dann wurde er von Gott auserwählt zu Seinem Gesandten, sozusagen als Botschafter, der den Menschen die Botschaft von Gott, die der Engel Gabriel ihm überbrachte, mitteilen sollte. Darin stehen all jene Dinge, die einen Menschen erst zu einem Muslim machen, wenn er sie richtig beachtet. Das Allerwichtigste dieser Botschaft ist, dass es nur einen Gott gibt und der Mensch nicht diesem Einen Gott andere Götter zur Seite stellen darf." „Ja, das hat mir meine Mama schon erzählt und dass alles das, was Gott dem Propheten übermitteln ließ, in einem Buch, das Koran heißt, steht. Mama und Papa lesen oft darin und ich höre sie beim Gebet diese Worte rezitieren. Mama sagt, da steht alles drin: wie ein guter Mensch sein soll, was er darf und nicht darf und wie er sich immer richtig verhalten muss, damit Gott mit ihm zufrieden sein kann." „Du weißt schon viel, das gefällt mir sehr gut!", freut sich darauf der Mond und strahlt wieder einen Schein heller. „Lieber Mond und ihr lieben Sterne, könnt ihr mir sagen, wo meine Eltern sich jetzt aufhalten? Seht ihr sie vielleicht?" „Ja, wir haben sie vor einer Weile in ein großes weißes Zelt hineingehen sehen", flüstern die Sterne und zittern dabei. Der Mond ergänzt: „Ihr Zelt und viele, viele andere befinden sich in Mina, ganz in der Nähe von Mekka, alles ist richtig weiß durch die Zelte, selbst auf kleinen Felsvorsprüngen stehen sie noch. Sie müssen sich ausruhen, denn morgen gleich nach dem Sonnenaufgang beginnt ihr aufregendster Tag." „Ich weiß", unterbricht Hassan schnell, „ich weiß, wohin sie morgen gehen werden. Sie werden nach Arafat marschieren. Sie haben mir erzählt, dass man auch mit einem Bus dorthin fahren kann, aber sie möchten lieber laufen. Und sie haben mir auch noch erzählt, dass die Zeit in Arafat das Wichtigste an ihrer Pilgerreise ist. Sie stehen dann vor Gott und machen viele Bittgebete. Sie haben mir versprochen, auch für mich bei Gott zu bitten. Ich möchte, dass Gott mir hilft, ein guter Schüler zu sein..."Nach einer Weile fügt er verlegen lächelnd hinzu: „... und auch ein guter Fußballer in meiner Mannschaft." Der Mond lacht laut und schaukelt dabei hin und her und die Sterne wackeln mit ihren Sternenarmen, leise vor sich hin kichernd. Dieses Gekicher und Gelächter steckt auch Hassan an, er muss aus vollem Hals lachen. Plötzlich geht hinter ihm die Tür auf und seine Schwester kommt aufgeregt zu ihm ans Fenster. Vor Schreck drückt sich Hassan die Hand auf den Mund und hält mit dem Lachen inne. Alles ist wieder still, die Sterne wackeln nicht mehr und der Mond steht auch wieder so still am Himmel, als wäre nichts geschehen. Nur noch ein kleines Blinzeln kann Hassan erkennen, dann ist nur noch ein leichtes Raunen des Windes in den Zweigen vor dem Fenster zu hören. „Ich dachte du schläfst schon, es ist spät." Langsam steigt Hassan von der Fensterbank hinunter, geht zum Bett und legt sich hinein. Erst jetzt antwortet er seiner Schwester: „Ich habe an Mama und Papa gedacht." „Ich weiß, sie fehlen dir, aber wir beide werden das schon schaffen. Du wirst sehen, die Zeit vergeht schnell und beide sind bald wieder zu Hause. Gönne ihnen ihre Fahrt zu Gott; wenn du groß bist, wirst du, so Gott will, auch einmal diese Reise antreten. Jetzt schlaf aber erstmal. Gute Nacht, mein kleines Brüderchen." Und damit geht sie wieder aus dem Zimmer. Beruhigt und sehr zufrieden schließt Hassan seine Augen, denkt noch eine Weile an Mekka, an Arafat und an das riesige weiße Zeltlager und langsam gehen seine Gedanken in einen wunderschönen Traum über.

Hassan und der Weihnachtsbaum

Hassan steht hinter dem geschlossenen Fenster, die Gardine hat er zur Seite geschoben. Einen kleinen Hocker hat er sich vor das Fenster gestellt, wie einen Beobachtungsturm, auf den er sich nun setzt. Der Himmel beginnt sich zu verfärben, wie gelb-orange Fahnen sehen nun die langgestreckten Wolken aus, oben etwas dunkler und unten begrenzt ein ausgefranztes helles Band die Wolkenparade. Es dunkelt langsam draußen.

„Jetzt wird es bald passieren", denkt er. Er sieht aufmerksam über die kahlen Gartenbäume, die jetzt wie Gespenster dastehen, auf den Vorgarten des Hauses auf der anderen Straßenseite. Er hat dort ein geschäftiges Treiben am frühen Nachmittag beobachtet. Eine große Leiter wurde hin und her gerückt, der kleine Nadelbaum rechts vom Weg bekam eine Girlande. Er konnte genau verfolgen, wie die Schnur von unten um den Baum gelegt wurde. Später sah er, wie irgendetwas an die Fenster der ersten Etage drüben am Haus gehängt wurde. Auch sein bester Freund Uwe werkelte an seinem Fenster. Diese ganze Zeremonie kannte er schon von den letzten Jahren und als kleiner Junge hat ihn dieses bunte Treiben fasziniert. Nun wartet er auf den bestimmten Augenblick.

In diesem Moment hört er seine Mutter ins Zimmer kommen und ohne sich umzudrehen ruft er ihr zu: „Es wird bald soweit sein, die Beleuchtung geht gleich an." Die Mutter stellt sich neben ihn ans Fenster und streichelt ihn zärtlich lächelnd über den Kopf, beide sehen in das immer stärker werdende Dunkel hinaus. Da, mit einem Schlag erstrahlt der ganze Vorgarten in hellem und buntem Licht. Wie von Zauberhand schwebt ein großer Schlitten, gezogen von zwei hellbraunen Rentieren, in dem ganz linken Fenster, das zu Uwes Zimmer gehört. Der kleine Tannenbaum strahlt um die Wette mit der bunt leuchtenden Eingangstür.

Hassan schaut in das Strahlen hinaus und wendet sich dann etwas betrübt an seine Mutter: „Warum haben wir keinen so leuchtenden Garten wie mein Freund Uwe?" Nach einer kurzen Pause fügt er hinzu: „Was hat das alles zu bedeuten, das Weihnachtsfest, der Tannenbaum und warum bekommt Uwe viele Geschenke und ich nicht?" Die Mutter drückt ihn ganz fest an sich, zieht ihn vom Fenster weg und setzt sich mit ihm auf das Bett, ihn immer noch fest umarmend. Wie um Schutz suchend, kuschelt sich Hassan nun auch an die Mutter, beide genießen diese Nähe und Ruhe.

Dann schiebt die Mutter ihren Sohn vorsichtig von sich, so dass sie ihm in die Augen schauen kann. Leise und ernst beginnt sie zu erzählen. „Diesen bunten Lampenreigen gibt es noch nicht lange, er ist wahrscheinlich nur ein Ausdruck der Lebensfreude der Menschen, ob sie Christen sind oder nicht. Weihnachten feiern hier fast alle Menschen, viele gedenken dabei der Geburt des kleinen Jesus, andere sehen es einfach als ein Fest, an dem sich die Familienmitglieder treffen." Zärtlich sieht die Mutter ihrem Sohn ins Gesicht. „Aber warum stellen sich die Menschen zum Weihnachtstag einen Tannenbaum in ihr Zimmer und schmücken ihn mit bunten Kugeln, das hat doch mit der Geburt von Jesus nichts zu tun?" „Du hast recht, vor vielen hundert Jahren haben sich die Menschen zur Winterszeit, um die Jahreswende, immergrüne Pflanzen in die Wohnung gestellt. Ich habe dir mal einen Lorbeerzweig gezeigt. Sie glaubten, dass in diesen Pflanzen besondere Lebenskraft und Gesundheit stecken und dass sie böse Geister vertreiben. Später gab es den Brauch, zu bestimmten Festlichkeiten ganze Bäume zu schmücken; du kennst den Maibaum oder den Brauch, auf dem Rohbau eines neuen Hauses eine Richtkrone aufzuhängen. Später behängte man diese Bäume mit allerlei Naschwerk, Früchten oder Nüssen, man weiß das aus Urkunden aus der Zeit vor 500 Jahren. Und bald stand der Baum zur Weihnachtszeit in den Häusern der vornehmen Bürger, als weihnachtlicher Schmuck. Das konnten sich aber leider die einfachen Menschen nicht leisten. Man weiß aber auch, dass die Kirchenmänner sehr gegen diesen heidnischen Brauch ankämpften, auch weil sie Angst um ihren Wald hatten, aus dem man die Bäume plünderte. Das war aber, wie du siehst, vergebens. Als dann der Baum zum festen Weihnachtssymbol wurde, nannte man ihn Christbaum und so trat er seinen Siegeszug durch die Welt an." - „Und wie du weißt, haben die Muslime keinen Grund, an irgendwelche bösen Geister zu glauben, oder sich aus Angst vor Krankheiten Zweige oder ganze Bäume in die Wohnung zu stellen. Wir bitten unseren Gott um Seinen Schutz und um Gesundheit. Das ist der beste Schutz, den du dir wünschen kannst." Unbemerkt war Hassans Vater ins Zimmer gekommen, nun geht er auf Hassan zu und legt seine große Hand auf dessen Kopf. Vorsichtig nimmt Hassan die Hand vom Kopf in seine eigene

kleine Hand und schmiegt sie an seine Wange. Schmunzelnd sagt der Vater: „Warum sitzt ihr hier im Dunkeln?" Mutter und Sohn blicken sich zuerst verdutzt an, dann schweifen ihre Blicke weiter durch das Zimmer. Kleine bunte Kringel tanzen an der Decke und geben dem fast dunklen Zimmer etwas Geheimnisvolles.

Hassan fühlt sich sehr geborgen in Mutters Arm und an Vaters Hand. Er wünscht sich, dass dieser Augenblick noch sehr lange andauert. Nein, er braucht keine bunte Beleuchtung, die nicht wirklich Freude und Glück bringt, oder einen geschmückten Baum, der sterben muss für ein paar schöne Augenblicke.

Da fällt ihm noch etwas Wichtiges ein: „Woher weiß man, wann der kleine Jesus geboren wurde?" Mutter und Vater sehen sich lächelnd an und dann ruhen ihre Blicke voller Wärme auf ihrem Sohn. Beide setzen gleichzeitig zu einer Erklärung an und stocken. Mutter blinzelt Vater an und er beginnt von Neuem: „Der Evangelist Lukas erzählt im Neuen Testament von der Geburt Jesus in einer Krippe in Bethlehem, weil Maria, seine Mutter, und Joseph keinen Platz mehr in einer Herberge gefunden hatten. Früher wurden die Ställe um Bethlehem herum einfach aus dem Felsen gehauen, deswegen kann man davon ausgehen, dass diese Krippe eine einfache Wandnische in einer solchen Höhle war. Weiter handelt seine Geschichte davon, wie Hirten in der Nähe von einem Engel aufgesucht werden, der ihnen mitteilt, dass in Betlehem der Messias geboren worden sei. Das genaue Datum der Geburt kann man heute nicht mehr feststellen, aber einige Jahrhunderte später legte Kaiser Konstantin I. einfach den 25. Dezember als Geburtstag fest. Möglicherweise wollte er das Fest des Sonnengottes, das bis dahin noch eine wichtige Rolle spielte, mit dem Fest der Geburt verbinden." Mutter fügt noch hinzu: „Wir erkennen zwar Jesus als Propheten an, feiern diesen Tag aber nicht. Oft beschenkt man sich an besonderen Tagen, und so wie dein Freund Uwe Geschenke von seiner Familie bekommt, erhältst du an unseren Feiertagen auch viele Geschenke."

Mutter drückt ihren Sohn noch einmal kurz an sich und sagt dann: „Wenn du möchtest, dann können wir heute auch Kerzen auf den Abendbrottisch stellen und schon wird das Essen wie ein kleines Fest werden." Leise flüstert sie ihm dann ins Ohr: „Und ich kann dir noch etwas Schönes verraten, bald kommt auch deine Großmutter und bleibt einige Tage bei uns." Damit zieht Mutter ihren Sohn mit sich aus dem Zimmer, gefolgt vom Vater, dessen Hand noch in Hassans liegt.

Hassan und der Prophet Ibrahim

Es dunkelt langsam, obwohl es noch nicht Abendbrotzeit ist. Hassan sitzt auf seiner Schaukel, die Beine baumen in der Luft und seine Augen beobachten den Himmel. Ein kleiner roter Schimmer liegt noch über dem Horizont, den er durch die kahlen Äste der Obstbäume gerade noch wahrnehmen kann. Die feuchte Kälte kriecht an seinen Füßen empor. Er zieht seine Mütze tiefer über die Ohren und wickelt seine Jacke enger um den Körper, dann zieht er die Knie an, stellt die Füße mit den dicken Stiefeln auf das Schaukelbrett und schlingt seine Arme um die beiden Seile und um die Knie. Er sitzt zwar nun nicht mehr bequem, dafür werden aber seine Beine durch die Arme gewärmt. Er will allein sein.
Er ist traurig, weil er sich heute in der Schule mit seinem Freund gestritten hat. Er mag Peter, man kann wunderbar mit ihm im Park herumtollen und ihm sogar Geheimnisse anvertrauen. Schließlich trennten sie sich, jeder ärgerlich auf den anderen und liefen in verschiedene Richtungen nach Hause. Es ging mal wieder um das Thema Gott. Eigentlich hatte alles ganz harmlos angefangen. Im Sportunterricht maßen alle Schüler bei einer Übung ihre Kräfte, aber keiner gewann so richtig und sie beschlossen, ihr Kräftemessen am Nachmittag fortzusetzen. Sogar Wetten wurden abgeschlossen, wer der Stärkste sei. Da meinte Hassan zu Peter: „Eigentlich ist Gott der Stärkste und auch der Klügste." Peter stutzte: „Gott? Was für ein Gott! Es gibt doch keinen Gott!" Aber schon etwas unsicherer fügte er hinzu: „Ich jedenfalls habe ihn noch nicht gesehen." Dass er nicht gleich die richtige Antwort parat gehabt hatte, wurmt Hassan am meisten. Er denkt wieder an den Streit und langsam kullern Tränen aus seinen Augen. Hat sein Freund doch recht, oder nicht? Gibt es einen Gott, wie er von klein auf immer dachte? Und wer ist er, oder ist es doch nur ein schöner Gedanke, wie Peter behauptete? Streitet er mit mir, nur weil er Gott nicht sehen kann?

Aber nein, Hassan schüttelt unwillkürlich den Kopf, denn tief in seinem Inneren fühlt er, dass er recht hat. „Ich muss nur richtig nachdenken", sagt er zu sich selber.

Er legt den Kopf auf seine Arme und schaut nach unten in die große Pfütze vor seinen Füßen. Ein leichter Wind kräuselt kleine Wellen. Er schubst einen Stein in das Wasser und beobachtet die entstehenden Wellen. Langsam geraten seine Gedanken in diese Wellenbewegung hinein und verlieren sich in seiner Traumwelt. Plötzlich glänzt in der Pfütze etwas Silbriges, aber erst als dieses Glänzende und Rundliche hin- und herschaukelt, hebt er mit einem Ruck sein Gesicht aus den schützenden Armen. Seine Miene wird schnell heller. Das ist doch das Spiegelbild des Mondes, seines besten Freundes! Schnell sucht er den Himmel ab - da, ganz dicht über dem Horizont, hebt sich nun die runde Scheibe vom dunklen Hintergrund ab. Voller Freude setzt er sich auf der Schaukel zurecht und lässt wieder die Beine baumeln. Er winkt dem Mond zu und ruft: „Salam alaikum, lieber Mond!" Ruhig bestrahlt der Mond die Landschaft unter sich, dann beginnt er leise mit tiefer Stimme zu lachen und sein voller Bauch hüpft dabei auf und ab. „Salam alaikum, mein lieber Freund! Wie geht es dir?" Er wird ruhiger und sein Gesicht verzieht sich mitleidig. „Ich sehe, du hast großen Kummer, wie kann ich dir helfen? Ist es die Geschichte mit deinem Freund? Ich habe schon davon gehört." Hassans trauriges Gesicht überzieht sich mit einem Hoffnungsschimmer. „Du hast davon gehört?", staunt er. „Vielleicht kannst du mir eine Antwort geben." Bittend schaut Hassan den Mond an. „Hm, lass mich nachdenken!" Der Mond runzelt mit der Stirn, verzieht dann den Mund zu einem Grinsen und sagt: „Ich weiß eine Geschichte, die wird dir gefallen, aber dabei lassen wir auch die Sterne zu Wort kommen." Und wie auf ein Stichwort erstrahlen nicht weit vom Mond kleine Sterne, seine Sterne. Freundlich wackeln sie und blinzeln ihn an: „Wir haben dich schon eine Weile beobachtet und alles mit angehört", wispern sie leise. Und zum Mond gewandt sagen sie: „Lass uns ihm die Geschichte von Ibrahim erzählen, beginne du, lieber Freund."

Der Mond rückt sich ein Stück höher am Nachthimmel zurecht und beginnt: „Es war einmal vor langer Zeit, da glaubten die Menschen noch, dass viele Götter sie umgaben, sie stellten ihnen zu Ehren Götzenbilder auf und huldigten ihnen. Da fragte eines Tages Ibrahim seinen Vater Azar: ‚Hältst du diese Götzenbilder für Götter? Ich denke, da bist du und sind auch alle anderen im

Irrtum." Nun drängeln die Sterne, um weiter zu erzählen: „Als Ibrahim in der Nacht einen von uns Sternen erblickte, rief er: ‚Das ist MEIN Gott!'" Der kleinste Stern fährt traurig fort: „Er hatte unser verneinendes Schütteln nicht bemerkt. Und als wir dann untergingen und Ibrahim das sah, da rief er: ‚Nein, ich diene nicht denen, die untergehen.'" Nun spricht der Mond weiter: „Als ich dann am Himmel erschien und er mich erblickte, da sagte er wieder: ‚Das ist MEIN Gott!' Wie traurig muss er gewesen sein, als er sah, dass auch ich untergehen musste. Ich höre immer noch seine Stimme, wie er ruft: ‚Wenn mich mein Herr nicht recht leitet, dann werde ich bestimmt zu den Verlierern gehören!'" Der Mond macht eine kleine Pause und fuhr dann leise fort: „Du weißt ja, wir alle, die Sterne, die Sonne und ich, wir ziehen auf unseren Bahnen, die uns vorgeschrieben wurden von Dem, der dich und uns alle erschaffen hat und können nicht anders. Wir gehen auf und gehen unter." Nun erklingt das leise Wispern der Sterne wieder. „Ibrahim ließ nicht nach und suchte weiter nach seinem Gott, seinem Herrn. Da erblickte er am Morgen die Sonne, die gerade aufgegangen war, und rief wieder: ‚Das ist MEIN Gott, sie ist größer als alle anderen Himmelskörper.' Als nun auch sie unterging, da verstand Ibrahim endlich und rief glücklich aus: ‚Siehe, mein Volk, ich bin an dem, was ihr Gott zur Seite stellt, nicht schuld. Siehe, Ihm, der die Himmel und die Erde erschuf, habe ich mein Gesicht zugewandt, indem ich mich von allem abwende, was falsch ist. Ich erhebe mein Antlitz zu Dem, Der die Himmel und die Erde erschuf, gehe zu Ihm auf den richtigen Weg und gehöre nicht zu denjenigen, die neben Ihm andere Götter anbeten.'" Die Sterne verstummen und auch ihr Licht leuchtet nur noch matt.

Hassan stellt sich Ibrahim vor, wie er sich vor dem Stern verneigte und dann sehr enttäuscht war, als er verschwand.

Nachdenklich erwidert Hassan nach einer Weile: „Was sagten die Leute um Ibrahim herum und auch sein Vater? Glaubten sie ihm?" Der Mond schüttelte sich und vor Empörung flackerte sein Licht: „Nein, diese Irrenden! Sie stritten mit ihm, damit er ablasse von seinem Irrtum. Ibrahim aber erwiderte nur ruhig: ‚Streitet ihr mit mir über Gott, Der mich recht geleitet hat? Ich fürchte mich nicht vor dem, was ihr Gott beigesellt, denn nur wenn Gott es will, kann mir etwas zustoßen. Gottes Wissen umfasst alles, wollt ihr das nicht bedenken? Und wie sollte ich fürchten, was ihr Gott beigesellt, wenn ihr nicht fürchtet, Gott etwas ohne jeglichen Beweis zur Seite zu stellen und wozu Er euch keine Ermächtigung gegeben hat? Wer von uns, ihr oder ich, hat mehr Recht auf Zuversicht? Sagt es, wenn ihr es wisst!'" Die Stimme des Mondes klang noch immer zornig und wurde immer tiefer. Endlich beruhigte er sich und wanderte ein Stück weiter auf seiner Bahn. „Sie glaubten ihm nicht, auch als er ihre Götterbilder zerschlug, hielten sie an ihrem Vielgötterglauben fest. Aber das ist eine andere Geschichte, die erzählen wir dir ein andermal."

Ein Windstoß lässt Hassan schaudern und reißt ihn aus seiner Traumwelt. Er sieht sich zitternd und auch ein wenig müde um. Wie um Schutz suchend, macht er sich kleiner und drückt beide Arme fest an seinen Körper. Nachdenklich sagt er mehr zu sich als zu seinen Nachtgesellen: „Also auch Ibrahim war auf der Suche nach dem Stärksten, nach Gott. Und der Stärkste ist auch der Allerhöchste."

Die Mutter öffnet die Tür und sieht in den Garten hinaus. Sie hat Hassan schon vermisst, und kommt nun leise auf ihn zu. Ihre weiche und warme Hand streichelt sein Gesicht. Sie hat den letzten Satz noch gehört und fragt: „Du kennst die Geschichte von Ibrahim? Ja, er glaubte wohl, diese imposanten Teile der Natur, die er hoch über sich betrachten konnte, wären das Höchste, das man darum anbeten kann. Dann musste er aber feststellen, dass sie alle untergehen, einfach verschwinden. Sie können also nicht die Stärksten sein. Ibrahim hat durch seine Beobachtungen den Hinweis auf unser aller Schöpfer gefunden. Er hat damals schon, also vor einigen Jahrtausenden, erkannt, dass wir alle nur geschaffen sind, egal ob Menschen, Sonne, Mond oder Sterne, alle sind wir die Geschöpfe eines Allerhöchsten. Wir können Gott nicht sehen, aber er spricht mit uns durch sein Buch, den Koran." Verstohlen blickt Hassan zum Himmel, dem sanften Licht des Mondes, dem zarten Blinken der Sterne und springt von der Schaukel. Ein letztes Winken zu ihnen und schon befindet er sich mit der Mutter an der Hand auf dem Weg ins Haus. Erleichtert und auch ein wenig glücklich denkt er noch: „Nun habe ich die richtige Antwort für meinen Freund. Mag er sie anhören und darüber nachdenken. Für mich gibt es jetzt keinen Zweifel mehr." Mit diesen Gedanken schlägt er die Haustür hinter sich zu.

Hassan und Peter

Hassan sitzt am Schreibtisch des Vaters und macht seine Hausaufgaben. Wenn er doch nur dieses vertrackte Mathe besser verstehen würde…aber es nutzt kein Jammern, denn bis der Vater kommt, der ihm bestimmt alles gut erklären kann, dauert es noch eine Weile. Er seufzt tief und sieht sich die Aufgabenstellung noch einmal an. In seinen Gedanken erscheint die Schultafel, auf der eine ähnliche Aufgabe gestanden hat; ja, so müsste es gehen. Schnell schreibt er den Lösungsweg auf und atmet dann tief durch. Na also, denkt er, zufrieden mit sich selber, und läuft mit dem Heft zur Mutter in die Küche, um ihr die Aufgabe zu zeigen. Sie ist gerade dabei, einen Kuchen aus dem Herd zu holen. Hmmm, ein Streuselkuchen, den mag er am liebsten. Ein verführerischer Duft zieht durch das ganze Haus. Da klingelt es an der Tür. Hassan sieht zur Mutter, die nickt leicht mit dem Kopf und er geht zur Tür. Als er sie öffnet, fegt eine kalte Windböe in den Flur und wirbelt einige Schneeflocken mit hinein. Draußen steht Peter, sein bester Freund, die Mütze tief ins Gesicht gezogen und die Hände reibend, seine Handschuhe gucken gerade noch aus seiner Jackentasche hervor. „Kommst du mit in den Park zur Rodelbahn?" Sein Gesicht strahlt trotz der Kälte. „Ich bin noch nicht ganz fertig mit den Hausaufgaben. Komm rein!" Hassan zieht schnell seinen Freund in den Flur hinein. „Zieh deine Schuhe aus, kannst meine Latschen da anziehen." Peter war noch nie in Hassans Wohnung und neugierig schweift sein Blick während er sich die Schuhe auszieht durch den kleinen Flur. Dann zieht Hassan ihn in den Arbeitsraum des Vaters und stellt einen kleinen Hocker an den Arbeitstisch. „Setz dich hierher, fass aber nichts an! Ich bin gleich soweit, ich muss nur noch für morgen die Schulmappe packen." Peter sieht sich im Raum um. Links vom Schreibtisch hängt ein größeres Foto von einem schwarz-goldenen viereckigem Haus, drum herum viele weiß gekleidete Menschen, daneben ein kleiner Bilderrahmen mit ihm unbekannten Zeichen. Es könnte eine Schrift sein. Er erhebt sich vom Hocker und sieht genauer hin. Die Zeichen sind sehr schlicht, heben sich golden vom dunklen Hintergrund ab und strahlen eine tiefe Ruhe aber auch gleichzeitig etwas Geheimnisvolles aus. Das

Bild zieht ihn magisch an. „Was ist das?", fragt er Hassan und zeigt auf das Bild. „Sieht schön aus, nicht wahr? Es ist eine Kalligrafie mit dem Namen von Allah, der Name für Gott auf Arabisch." „Kannst du das lesen?" Peter sieht Hassan fragend an, eine leichte Anerkennung in den Augen. „Ja, das kennt doch jedes kleine muslimische Kind!" Er fügt etwas zurückhaltender hinzu: „Aber richtig Arabisch lesen und schreiben kann ich noch nicht, mein Vater übt manchmal mit mir, wenn er Zeit hat. Wenn ich größer bin, möchte ich auch arabische Kalligrafie schreiben lernen, es ist etwas Wunderbares." Unterdessen hat Hassan seine Mappe fertig gepackt und stellt sie in die Nähe der Tür. Da kommt die Mutter herein und fragt: „Na, wie wär's, ein kleines Stück Kuchen, noch warm?" Ohne eine Antwort abzuwarten, geht sie zurück in die Küche, aus der es herrlich duftet. Dort wartet schon ein Teller mit dem saftigsten Streuselkuchen, den Peter je gesehen hat. Den beiden Jungen läuft das Wasser im Mund zusammen. Im Nu sitzen sie am Küchentisch und greifen nach den Kuchenstücken. Mutter kommt mit zwei Tassen heißem Kakao zurück und stellt sie auf den Tisch. „Hmmm, schmeckt der!", kann Peter nur sagen, dann nimmt er sich schon ein neues Stück. Auch Hassan kann nur mit vollen Backen zustimmen, die Mutter lächelt still. Schnell ist der Teller geleert und nun schlürfen sie vorsichtig von dem heißen Kakao. Nach einer Weile fragt Peter: „Sag mal, was heißt eigentlich Allah, was bedeutet das?" Hassan stellt langsam seine noch halbvolle Tasse auf den Tisch, seine rechte Hand spielt mit dem Tassenhenkel. Er weiß, er muss Peter jetzt eine gute und richtige Antwort geben, so eine Gelegenheit kommt nicht so schnell wieder. „Das Wort ‚Allah' in der arabischen Sprache entspricht dem deutschen ‚Gott'. Mein Papa hat mir erzählt, dass die genaueste Übersetzung des Wortes eigentlich ‚Der Eine und Einzige Gott' lautet. Auch die Christen oder Juden beten diesen Gott an, denn es gibt nur diesen Einen. Meine Religion, der Islam, und auch eigentlich die anderen beiden Religionen, lehren den Menschen, Gott als den Schöpfer aller Dinge, des ganzen Universums, zu sehen, ihn deshalb zu lieben und zu ehren und ihm auch zu dienen. „Was heißt dienen?", fragt Peter. „Ganz einfach: Indem wir die Regeln, die Gott uns aufgetragen hat, beachten und nach ihnen unser Leben gestalten, dienen wir ihm." „Zum Beispiel, dass du mir immer die Wahrheit sagst", scherzt Peter und knufft Hassan leicht in den Bauch. Hassan lacht: „Du aber auch!" Nach einer Weile fährt Hassan fort: „Mein Vater erzählte mir vor Kurzem, dass im Koran – da befinden sich eben diese Regeln und alle Mitteilungen von Gott an die Menschen – geschrieben steht, dass alles von Allah geschaffen wurde, darum sagen wir auch der ‚Erschaffer' zu ihm. Also hat er auch das geschaffen, wenn die Menschen vom Urknall sprechen. So ganz verstehe ich das jetzt noch nicht, aber woher soll denn sonst diese Masse und diese Kraft herkommen, sie kann sich doch nicht selbst geschaffen haben, genauso wie er den Tropfen geschaffen hat, aus dem er den Menschen entstehen lässt." Leicht zögernd erwidert Peter leise: „Da steht bestimmt auch drin, dass man sich gegenseitig auch verzeihen soll, so wie du mir damals." Er denkt an sein dummes Verhalten von neulich auf dem Schulhof, als er sich mit Hassan gestritten hatte, und schämt sich noch etwas. „Ja, das steht sehr oft drin, denn es gibt wohl kaum jemanden, der nicht irgendwann irgendetwas Dummes macht. Wichtig ist dabei nur, dass wir es auch erkennen und um Verzeihung bitten." Damit ist auch für Hassan diese blöde Geschichte mit dem Streit aus dem Weg geräumt. Er fährt fort: „Aber der größte Verzeiher ist Allah, das ist vielleicht seine schönste Eigenschaft. Er steht über allen Königen, denn er ist der wahre Herrscher, nach dem sich eigentlich alle Menschen richten sollten. Er ist der Weise, der Wissende, er weiß alles, was in der Welt passiert." Ungläubig und ein kleines bisschen ängstlich sieht Peter Hassan an: „Auch von uns?" Lachend gibt Hassan zurück: „Natürlich weiß er von uns, aber keine Angst, er freut sich jetzt bestimmt über dich und mich." Dabei fühlt er sich gleich ein bisschen größer. „Gibt es irgendetwas, was er nicht kann?" In Peters Kopf schwirrt alles durcheinander. Hassan atmet tief durch, denkt kurz nach und lächelt dann bei diesem Gedanken: „Nein, er hat ja alles selbst geschaffen!" Plötzlich grinst er Peter übers ganze Gesicht an: „Komm jetzt, sonst wird es noch dunkel und wir können nicht mehr Schlitten fahren."

Er zieht den Freund mit sich in den Flur. Schnell sind beide Kinder in ihre dicken Wintersachen geschlüpft und bald schlägt die Tür hinter ihnen zu.

Auf dem Weg von der Moschee

Hassan wartet nun schon seit einer Weile an der Straßenecke auf seinen Vater. Er lächelt in sich hinein: Gab es irgendein Mal, an dem er nicht warten musste, wenn sie beide freitags gemeinsam vom Gebet nach Hause gehen wollten? Vater hat so viele Freunde in der Moschee und er sagt immer, dass nach dem Freitagsgebet die beste Zeit sei, mit ihnen zu plaudern oder zu diskutieren.

Hassan mag nicht allein nach Hause gehen, der Weg zusammen mit dem Vater ist viel schöner. Er liebt diese Zeit, sie schlendern langsam durch den Park, beobachten die Natur und die Menschen, und er kann mit dem Vater über alles sprechen, was ihm am Herzen liegt. Vater wird dann wie immer aufmerksam zuhören und ihm die Dinge mit einer großen Ernsthaftigkeit erklären.

Endlich hat sich Hassans Vater von seinen Freunden losgerissen und kommt eilig auf ihn zu. Bei Hassan angekommen, geht er etwas in die Hocke und umarmt seinen Sohn, viel Liebe spürt Hassan in dieser kleinen Bewegung. Dann gehen sie langsam durch den kleinen Park, der sich auf dem Weg nach Hause befindet, Vaters Arm liegt dabei auf der Schulter von Hassan.

Vater schnüffelt, zieht die Luft tief ein und schaut sich um. „Es riecht nach Frühling", sagt er und sein freier Arm zeigt in die Runde. Er zieht Hassan zu einem kleinen Baum am Wegesrand hin und bleibt dort mit ihm stehen. „Hier, sieh, die dicken Knospen an diesem Ast sind schon sehr prall, sie werden, wenn es weiterhin so angenehm warm bleibt, bald aufbrechen." Hassan betrachtet diese kleinen grünen Spitzen genau und fährt mit dem Finger leicht über sie. „Wie klein sie sind und doch werden daraus große Blätter", sagt er zum Vater. Der nickt nur zustimmend. Sie gehen langsam weiter und lassen die Blicke schweifen. „Papa, sieh doch, wie schön! Lauter bunte Farbflecke!" Hassan läuft quer über die Wiese und bleibt dann stehen. „Das sind Krokusse, nicht wahr? Weiße, gelbe und hier sogar einige blaue", ruft er laut und geht in die Hocke, um sie genauer zu betrachten. „Wie schön!" Langsam geht er zurück zum Vater, der sich ganz in der Nähe auf einer Bank niedergelassen hat. „Was für wunderbare Dinge Allah doch geschaffen hat!" Hassan setzt sich zum Vater und schmiegt sich an ihn. Dieser legt seinen Arm um ihn und zieht ihn ganz fest an sich. Wärme des Glücks steigt tief aus Hassans Innerem, er hat sich schon lange nicht mehr so wohl gefühlt. Er schließt die Augen und atmet tief die frische Frühlingsluft ein.

Der Vater schaut seinen Sohn schmunzelnd von der Seite an, er kennt ihn genau und weiß, wann ihn etwas bedrückt oder wenn er besondere Fragen an ihn hat. Er lächelt in sich hinein und fragt: „Du hast doch etwas, ich sehe es deiner Nasenspitze an." Nur widerwillig reißt sich Hassan aus seinem Wonnegefühl

heraus, blickt dann zum Vater hoch und sagt langsam: „Ja, ich wollte das schon lange fragen. Vorhin beim Gebet, da stehen wir, liegen und sitzen. Warum machen wir all diese Bewegungen und sind sie alle so wichtig und reicht nicht eine Stellung aus? Und warum achten wir auf die Richtung? Und…" „Halt, junger Mann, ich glaube, diese Fragen reichen fürs Erste!"

Vater macht eine kleine Pause, dann spricht er: „Du weißt, das Gebet ist für dich noch nicht Pflicht und umso mehr freue ich mich, dass du freitags nach der Schule mit mir kommst und betest. Und du machst es schon wirklich gut." Vor Freude wird Hassan ganz verlegen und seine Wangen röten sich leicht.

Vater hält kurz inne und setzt sich zurecht, sein Blick geht in die Ferne, wie um seine Gedanken zu sammeln.

„Beginnen wir erst einmal mit deiner zweiten Frage. Vielleicht kannst du dich noch daran erinnern, als wir zusammen die zweite Sure des Korans, die Al-Baqara, die Kuh, gelesen haben? Da gab es einen Vers: ‚Und Allah gehört der Osten und der Westen; wo immer ihr euch also hinwendet, dort ist das Antlitz Allahs.'" „Ach ja, ich weiß, was das heißt: Überall, wo wir hinblicken, da ist auch Gott, und wenn ich mal nicht weiß, wo unsere Gebetsrichtung ist, dann ist es nicht falsch, wenn ich irgendeine Richtung nehme für mein Gebet." Vater streichelt seinen Sohn über den Kopf: „Ja, Gottes Antlitz bedeutet auch Gottes Gegenwart und sie ist nicht auf eine bestimmte Richtung beschränkt. Wenn für das Gebet eine Richtung festgelegt ist, so bedeutet es nicht, dass Gott nur in dieser einen Himmelsrichtung weilt. Ja, du hast recht, Gott ist überall, egal, wohin wir sehen."

Der Vater beugt sich ganz nah zu Hassan, blickt in seine Augen und beginnt sehr eindringlich zu sprechen: „Das Gebet ist ein sehr wichtiges Fundament in unserer Religion. Wenn wir es vernachlässigen oder gar vergessen, ist es, als wenn bei einem Hausbau etwas Wichtiges fehlen würde, vielleicht gäbe es keine Tür, um überhaupt ins Haus hinein zu gelangen. Unser Haus ist der Islam und nur, wenn alles komplett ist, leben wir wirklich den Islam." „Ja, das verstehe ich", erwidert Hassan, nun auch sehr ernst.

„Tja, nun das mit der Gebetsstellung", spricht Vater weiter. „Noch ganz am Anfang, als es nur wenige Muslime gab, kam eines Tages der Engel Gabriel auf einen Hügel in der Nähe von Mekka, wo sich der Prophet gerade befand. Der Engel schlug mit seiner Ferse auf die Erde, der daraufhin eine Quelle ent-sprang. Mit dem hervorquellenden Wasser vollzog er dann seine Waschung, um dem Propheten zu zeigen, wie er sich vor dem Gebet zu reinigen habe. Der Prophet folgte seinem Bei-spiel. Dann betete Gabriel und zeigte so die Stellungen und Bewegungen: das Stehen, Beugen, Sitzen, Niederwerfen und wiederum das Sitzen mit dem immer wiederkehrenden Lob auf Allah und dem abschließenden Friedensgruß. Und der Prophet folgte wieder in allem, was der Engel Gabriel ihm vorzeigte. Von diesem Augenblick wurde das Gebet zur Pflicht für jeden Muslim."

Vater ließ eine kurze Weile vergehen, ehe er weitersprach: „In einem Buch habe ich vor Kurzem gelesen, dass ein Beduine befragt wurde über diese Bewegungen. Der Beduine meinte, wir Gläubigen sind beim Gebet wie ein einziger Körper und Gott ist der Mittelpunkt unseres Daseins. Wir stehen aufrecht vor Gott und tragen Verse aus dem Koran vor, der ja Gottes Wort ist und uns übermittelt wurde, damit wir nach ihm, Seinem Wort, leben, aufrecht und standhaft. Dann verneigen wir uns tief, um Ihn zu ehren. Daraufhin knien wir uns nieder und berühren mit der Stirn die Erde, denn Er hat ja uns aus ihr geschaffen. Wenn wir sitzen, bitten wir Ihn um Vergebung und dass Er uns auf den rich-

tigen Weg leite. Nun berühren wir wieder mit der Stirn den Boden, wohl wissend, dass Gott der Allmächtige ist. Dann bleiben wir sitzen und beten zu Ihm, dass Er unseren Propheten segne, ebenso seine Familie, genau wie Er auch Ibrahim gesegnet hatte. Wir schließen das Gebet ab mit der Bitte an Gott, dass Er uns Gutes im Diesseits und im Jenseits gewähre und grüßen nach beiden Seiten mit dem Friedensgruß. Ich finde, dieser Beduine hat die richtigen Worte für alles genommen und ich hoffe, dass du, mein Sohn, es auch verstanden hast." Mit diesen Worten umarmt Vater seinen Sohn, dann steht er auf und zieht Hassan mit sich auf den Weg. Beide schweigen, Hassan ist tief in Gedanken versunken; nach einer Weile sagt er lächelnd: „Ich habe diesen Park noch nie so interessant gefunden." Auch Vater muss daraufhin laut lachen. Fröhlich schlendern sie den Rest des Weges nach Hause.

Hassan und die Matheaufgaben

Hassan sitzt an seinem Schreibtisch und plagt sich mal wieder mit seinen Matheaufgaben ab. Er starrt in sein Heft und ohne dass es ihm gewahr wird, klopft er mit seinem Stift immer wieder auf die Tischplatte. Es fällt ihm schwer, sich zu konzentrieren. Mit einem Seufzer legt er den Stift auf den Tisch und lehnt sich zurück, streckt seine Arme nach oben, bis die Gelenke leicht knacken. Dabei bemerkt er, wie kleine Sonnenkringel über sein Heft tanzen. Etwas entspannter gehen seine Hände wieder nach unten. Auf seinem Gesicht zeigt sich ein leichtes Lächeln, während sein rechter Zeigefinger die Kringel auf dem Heft nachmalt. Dann schiebt er plötzlich entschlossen seinen Stuhl nach hinten, steht auf, tritt an das weit geöffnete Fenster und schaut in den Garten hinaus. Draußen scheint die schon wärmende Sonne, nur wenige Wolken sind am Himmel zu sehen. Bunte Tulpen wiegen sich im Takt leichter Windböen. Unter seinem Fenster verströmen einige Hyazinthen einen süßen Duft, ein Lockmittel für die ersten Bienen, die mit ihren tiefen Summen wohl einen Wettstreit mit anderen Bienen am Kirschbaum austragen.

Er seufzt wieder, viel lieber würde er jetzt draußen auf seiner Schaukel sitzen und sich den Wind um die Ohren wirbeln lassen. Er dreht sich vom Fenster weg und schaut zu seinem Schreibtisch. Da liegt immer noch das aufgeschlagene Heft und wartet darauf, dass die Aufgabe beendet wird. Ob der Vater helfen kann? Ja bestimmt, er wird ihn bitten, ihm bei der Lösung der Aufgaben zu helfen. Er gibt sich einen Ruck und eilt aus seinem Zimmer. Vor dem Arbeitszimmer des Vaters bleibt er stehen, die Tür ist geöffnet und er schaut leise hinein. Vater ist nicht drin und Hassan beschließt, im Zimmer zu warten. Er setzt sich in das weiche Ledersofa, das an der Seitenwand neben dem großen Bücherregal steht, und sieht sich im Zimmer um. Sein Blick bleibt an dem kleinen Tisch hängen, auf dem ein aufgeschlagenes dickes Buch und der Koranständer mit dem Koran liegen. Nach kurzer Zeit hält es ihn nicht mehr auf dem

Sofa, er steht auf und geht einige Schritte weiter in den Raum hinein. Vater sagt immer: „Du kannst ins Zimmer gehen, aber bitte nichts anfassen!" Er bleibt vor dem kleinen Tisch mit dem Koranständer stehen. Aha, das große Buch kennt er, es ist von Al-Bukhari und darin sind viele seiner gesammelten Hadithe. Vater liest oft in dem Buch und manchmal darf Hassan mitlesen und Vater erklärt ihm dann die Bedeutung. Er beugt sich etwas herunter, dann aber setzt er sich in den davorstehenden Bambusrohrsessel und beginnt leise an einer Stelle zu lesen: „Abu Musa, Allahs Wohlgefallen auf ihm, berichtete: Der Prophet, Allahs Segen und Heil auf ihm, sagte: Das Gleichnis der Rechtleitung und des Wissens, mit denen Allah der Allmächtige und Erhabene mich entsandt hat, ist wie ein reichlicher Regen, der auf ein Gebiet niederging: Der gute Teil des Erdbodens nahm das Wasser auf und brachte eine Menge an Pflanzen und Gras hervor." Er macht eine kleine Pause und will dann weiterlesen, da spürt er, wie eine Hand über seinen Kopf streift, unwillkürlich zuckt er zusammen. Er war so ins Lesen vertieft, dass er die Ankunft des Vaters nicht bemerkt hatte. Hassan blickt zum Vater hoch, der lächelt ihn aufmunternd zu und sagt dann nur: „Lies weiter!" Hassan nimmt nun das Buch in beide Hände und beginnt von Neuem: „Es gab aber auch felsige Teile davon, welche das Wasser bewahrten, mit dem Allah den Menschen viel Nutzen bringen ließ: davon tranken sie selbst, tränkten ihr Vieh und bewässerten ihr Feld. Der Regen fiel aber auch auf einen sandigen Boden, der das Wasser sickern ließ und keinerlei Pflanzen hervorbrachte. Dies ist das Gleichnis eines Menschen, der sich mit dem Wissen in der Religion Allahs, mit dem Allah mich entsandt hat, ausbildete; denn er erwirbt damit das Wissen für sich selbst und lehrte es andere. Das Gegenteil stellt derjenige dar, der damit weder seine Würde erhebt, noch die Rechtleitung Allahs annimmt, mit der ich entsandt worden bin." Hassan legt das Buch vorsichtig wieder auf den Tisch zurück und sieht seinen Vater an. Beide schweigen eine kurze Weile, Hassan muss nachdenken und Vater wartet auf seine Fragen. Er kennt seinen Sohn viel zu gut und weiß, dass bald ein Sturmwind von Fragen auf ihn niederprasseln wird. Vater nimmt Hassan an die Hand, zieht ihn so aus dem Sessel und schiebt ihn zum Sofa. Er drückt ihn in die eine Ecke hinein und nimmt dann neben ihm Platz. „Nun?" Vater sieht ihn gespannt an. „Da sind drei unterschiedliche Böden, auf allen fällt Regen…", beginnt Hassan unsicher und macht dann eine kleine Pause, er muss erst weiterdenken. Vater hilft ihm: „Was passiert mit dem Regen, wenn er auf den Boden fällt?" Hassan holt tief Luft und will weiterreden, dann aber steht er schnell auf, wirft einen kurzen Blick auf den Vater, der ihm zunickt, und holt das Buch. Das legt er sowohl auf sein als auch auf Vaters Knie, so können beide hineinsehen. Hassan liest noch einmal schnell den Hadith durch und beginnt dann von Neuem, den Vater dabei zaghaft ansehend. „Beim ersten ist es wie bei uns im Garten, wenn es regnet." „Ja, das hast du gut erkannt; wie bei uns hier im Garten, die Erde saugt sich voll Wasser und die Blumen und Bäume können wachsen, sie saugen mit ihren Wurzeln das Wasser auf. Nun, was passiert mit dem zweiten Regen?" Hassans Gesicht leuchtet auf, als er mutig weiterspricht: „Kannst du dich noch an unseren Urlaub im letzten Jahr erinnern, als wir im Gebirge rumgekraxelt sind? Mama konnte nicht mehr laufen, ihre Füße taten weh und sie wollte sich hinsetzen. Und beinahe hätte sie sich in nasses Gras gesetzt." Seine Erinnerung lässt ihn kurz auflachen. Auch Vater muss jetzt schmunzeln, als er den Faden weiter spinnt: „Es war zu köstlich, Mama aufspringen zu sehen, als wenn sie sich in einen Ameisenhaufen gesetzt hätte. Wir haben dann oberhalb dieser Stelle eine kleine Quelle im Felsen entdeckt und daneben war sogar noch eine zweite. Das Wasser hat wirklich prima geschmeckt. Du konntest fast nicht genug davon bekommen", scherzt er amüsiert mit seinem Sohn. Hassan verzieht lächelnd seinen Mund, dann aber wird sein Gesicht wieder ernst. „Das Wasser muss ja irgendwo in den Felsen hinein gekommen sein, könnte es sein, dass es in poröse, felsige Stellen eingesickert ist, sich in kleinen Felsspalten gesammelt und dann eine Öffnung gesucht hat? Und ausgerechnet dort musste sich Mama hinsetzen!" Hassan lacht nun lauthals, er sieht Mama in Gedanken immer noch hochspringen, als sie mit der Hand beim Hinsetzen ins Wasser patschte. Vater ist von Hassans Heiterkeit angesteckt, es dauert nun eine Weile, bis beide zur Ruhe kommen. „Du bist toll, hast einen guten Vergleich gefunden", sagt Vater anerkennend und gibt ihm einen sanften Stoß auf den Arm. „Es waren nur klitzekleine Quellen und wir haben dennoch unseren Durst daran stillen können, größere Quellen lassen kleine Bäche entstehen und aus vielen Bächen wird ein großer Fluss, ein See. Unser Trinkwasser kommt aus solchen Gewässern, heute brauchen wir also nur den Wasserhahn aufzudrehen. Stell dir vor, wenn wir dieses gespeicherte Wasser nicht hätten!" Vater macht eine Pause, um Hassan die Wichtigkeit des Gesagten zu verdeutlichen. Dann spricht er weiter: „Dann aber gibt es noch Stellen, wo nur Sand ist und auch Regen nutzt diesem Sand nichts, er versickert einfach." Hassans Blick streift von Vaters Gesicht zum Buch hinunter. Er sucht im Text und liest dann eine Stelle: „.... denn er erwirbt damit das Wissen für sich selbst und lehrte es andere...was ist damit gemeint? Hat das mit dem Regen zu tun? Regen und Wissen..." Hassan ist jetzt tief in Gedanken versunken. Plötzlich klatscht er in die Hände: „Ja, das muss es sein. Unterschiedliches Aufnehmen des Wassers und unterschiedliches Wissen! Der eine erwirbt gutes Wissen, aber der andere, der sein erworbenes Wissen weitergibt, mein Mathelehrer zum Beispiel, der steht noch höher. Und es gibt noch die, die einfach keine Lust haben zu lernen, wie mein Banknachbar, der immer von mir abgucken will." Vater ergänzt noch: „Und wenn du weiterhin fleißig im Koran liest und mich fragst, dann hast du später einmal ein gutes Wissen in unserer Religion, was dir in deinem Leben sehr nützlich sein wird. Vielleicht gibst du dieses Wissen dann auch mal weiter, wirst ein guter Lehrer?" Vater klappt das Buch zu, steht auf, geht zum kleinen Tischchen und legt das Buch wieder an seine Stelle. „Du siehst, Regen und Wissen, beide sind sehr wichtig in unserem Leben. Nichts davon kann man entbehren."

Auch Hassan steht auf und geht langsam aus dem Zimmer. In der Tür dreht er sich noch einmal um und sagt: „Du hast sehr schön vom Weitergeben des Wissens erzählt und nun bitte ich dich, mir auch ein bisschen von deinem Mathe-Wissen weiterzugeben", sagt er schelmisch. Dann geht er entschlossen zurück zum Vater, nimmt seine Hand und zieht ihn mit in sein Kinderzimmer.

Hassan und die Farben des Lichts

Hassan sitzt unruhig im Auto, schon eine ganze Weile beobachtet er das Ansteigen der Berge. Zuerst waren da nur sanfte, kleine Erhebungen. In dieser Hügellandschaft wuchs schon langsam die neue Saat heran, zwischendurch standen Laubbäume wie Spalier, durchsetzt von einigen Fichten. Vielleicht schützen sie das junge Getreide vor kalten und böigen Winden? Ein kleiner Bach schlängelte sich entlang einer Baumgruppe. Unmerklich gehen nun diese Hügel in höhere Berge mit steileren Ausläufern über, und hier und dort erscheinen schon schroffe Abhänge. Die Mutter dreht sich zu Hassan um und sagt: „Es dauert nun nicht mehr lange." Sie weiß, wie schwer ihrem Sohn das Sitzen fällt. Hasan holt tief Luft und sagt zu sich selbst: „Es dauert nicht mehr lange." Eifrig drückt er seine Nase an die Scheibe und sieht den vorbeiflitzenden Bäumen an der Straßenbegrenzung nach. Er spürt, wie das Auto Schwung nimmt für eine Berganfahrt. Nun rutscht er unruhig auf seinem Sitz hin und her und drückt wieder das Gesicht an die Scheibe, er kennt diese Anhöhe. Mutter hat recht, es dauert nun wirklich nicht mehr lange. Da vorn ist der Bauernhof mit der großen Wiese, auf der immer einige Pferde zu sehen sind. Dann muss bald die Abfahrt kommen, die bis in das Dorf der Großeltern führt. Sein Gesicht beginnt zu strahlen im Vorgeschmack einiger schöner Urlaubtage. Nun erscheint Bekanntes: In dieser Scheune da haben sie sich einmal untergestellt bei einem starken Regenguss und diese große Kastanie dort, mit ihren ausladenden starken Zweigen, ist wie geschaffen zum Klettern und da die Apfelplantage... Plötzlich bekommt er einen Heißhunger auf Äpfel. Wie sie geschmeckt haben im letzten Herbst! Noch ein steiler Anstieg, der immer mehr eingeengt wird von steilen Felsen und dann öffnet sich ein breites Tal mit sanften hügligen Wiesen, umgeben von schroffen Bergabhängen. Schon von Weitem hört er ein lautes Bellen und ein riesiger Hund kommt schwanzwedelnd auf das noch fahrende Auto zugerannt. Kaum kommt das Auto zum Stehen, da reißt Hassan schon die Tür auf, springt heraus und muss sich dennoch an die Tür anlehnen, denn Wolf, der Hund, springt mit einem Satz an ihm hoch. Mit Mühe kann er sich der Hundezunge erwehren. Schließlich legt Wolf seinen Kopf auf Hassans Schultern und der Junge kann ihn endlich umarmen. Dabei muss er sich mit aller Kraft gegen das Auto abstützen. Hassan bringt vor Glück nur hervor: „Wolf, bist du schon wieder gewachsen? Wie schön, ich habe dich wieder." Er drückt seinen Kopf in das weiche Hundefell und krault ihn. Dann springt Wolf wieder auf seine vier Pfoten, macht einen Satz zur Seite, springt wieder zu Hassan, um dann von Neuem einige Sprünge weiter zu machen. Dann sieht er sich nach Hassan um und kläfft ihn an, was soviel heißen soll wie: „Na, kommst du? Spielen, herumtollen, den Abhang wieder runterkullern?" Schließlich kommt er zurück und umspringt Hassan. Der wehrt ab. „Später, Wolf, jetzt muss ich erst einmal die anderen begrüßen." Oma und Opa stehen an der Haustür und haben sich das Schauspiel amüsiert angesehen. Sie freuen sich auf ihren Enkel und schließen ihn dann auch fest in ihre Arme. „Junge, wie du gewachsen bist!" Oma blickt stolz auf ihn und zieht ihn dann ins Haus hinein. „Du musst doch einen großen Hunger haben." Leise und verschwörerisch sagt sie dann: „Ich habe deinen Lieblingskuchen gebacken." Hmmm, man riecht es auch im ganzen Haus, Apfel-Quark-Streusel-Kuchen, keiner kann den so gut backen wie Oma. Er will gerade ein Stück vom Teller stibitzen, da sagt Oma lachend: „Warte, kannst du dich noch ein ganz kleines Weilchen gedulden? Der Kaffee ist gleich fertig und dein Kakao wartet schon auf dich. Hilfst du mir, das Tablett rauszutragen? Aber wasch dir vorher die Hände!" „Ich wasche sie mir an der alten Pumpe, da macht das Waschen viel mehr Spaß, ich nehme schon das Tablett." Draußen wartet Wolf, der wieder versucht, an Hassan hochzuspringen. Hassan betätigt den Pumpenschwengel und ein dicker Wasserstrahl ergießt sich in den Trog, lustig hascht der Hund danach, aber nach ein paar Spritzern von Hassan jagt er fröhlich davon.

„Junge, iss langsam!" Opa, der neben ihm sitzt, fährt mit seiner linken Hand über den dicken Haarschopf seines Enkels. „Opa, kommst du nachher mit auf die Almwiese? Steht der dicke alte Bergahorn noch oder hat der Wintersturm ihn umgeblasen und meine kleine Höhle an der Felswand, die ist doch hoffentlich nicht eingestürzt?" „Dem Baum kann so ein Sturm nichts anhaben und nach der Höhle musst du morgen selber sehen", sagt Opa lachend. „Aber leider habe ich nachher keine Zeit, du weißt ja selbst, die Tiere warten nicht gern. Dein Vater wird dir sicherlich Gesellschaft leisten, deiner Mama sehe ich an, dass sie lieber bei ihrer Mutter bleiben möchte, es gibt wohl viel zu erzählen."

Endlich ist es soweit, alle Koffer sind in die Zimmer getragen und Hassan zieht noch schnell seine derben Jeanshosen an, dann flitzt er auf den Hof, wo Vater und Wolf schon warten. „Nicht so schnell, es läuft dir nichts weg!", ruft Vater hinter ihm her. Aber Hassan achtet nicht darauf, er rennt auf dem ausgefahrenen Wiesenweg mit dem Hund um die Wette. Wolf ist zuerst an dem Ahorn, lustig bellend umrundet er den Baum und versucht, nach den unten hängenden Blättern zu schnappen, während Hassan laut juchzend den Baumstamm umarmt. „Sieh doch, wie zart diese jungen Blätter aussehen und wie groß und bunt sie dann im Herbst werden!", ruft er dem Vater zu, der sich ganz außer Atem auf die davor stehende Bank fallen lässt. „Nichts bleibt, wie es ist, es ist ein ewiges Geboren-werden-und-sterben. Alles in der Natur unterliegt diesem Gesetz von Gott, wir und die Blätter dieses Baumes hier." Nun setzt sich auch Hassan und schmiegt sich fest an ihn. Ein herrlicher Blick über das Tal eröffnet sich den beiden und sie nehmen die Landschaft tief in sich auf. In Vaters Gesicht steht die volle Bewunderung geschrieben und auch Hassan ist begeistert von dieser Aussicht. „Herrlich, einfach wunderschön!" Er springt er auf und legt sich einige Schritte weiter auf die Wiese. „Papa, sieh mal diese Wolke, die sieht wie das Schaf von Opa aus." Er muss über seine Worte selbst lachen. Dann rollt er sich zusammen und kullert ein Stück die Wiese hinab, der Hund springt begeistert hinter ihm her. Nun kullern beide mit- und umeinander, bis plötzlich Hassan ganz still auf dem Bauch liegen bleibt. Ganz nahe an seinem Gesicht schwirrt eine Biene über eine gelbe Blüte und setzt sich auf sie. Mit Staunen beobachtet er ihr eifriges Tun. So nahe hat er diesem Treiben der Bienen noch nie zugesehen, ganz still bleibt er liegen, hält mit einer Hand den Hund fest und seine Augen werden groß und beginnen zu leuchten. Erst als die Biene weiterfliegt, holt er wieder tief Luft.

Vater kommt langsam den Abhang hinunter und setzt sich neben Hassan in das Gras. „Mir fällt da gerade ein schöner Vers aus unserem Koran ein, er steht in der Sure ‚al-Haschr': ‚Er ist Gott, der Schöpfer, der Urheber, der Formgebende. Sein sind die schönsten Namen. Ihn preist, was in den Himmeln und auf Erden ist; Er ist der Mächtige, der Weise.' – Und so preisen auch wir Ihn für dieses herrliche Fleckchen Erde. Es ist wirklich schön hier, nun weiß ich erst richtig, wie schwer es Mama gehabt haben muss, ihr Tal zu verlassen und sogar Muslima zu werden. Eine Farbenpracht ist das hier!" Er sieht sich um. „Ich glaube, alle Farben sind hier vertreten, so viele verschiedenfarbige Blumen und Gräser." „Alle Farben des Regenbogens?", fragt Hassan. „Ja, ich glaube schon." „Schade, dass wir jetzt keinen Regenbogen haben." Vater lacht: „Dann müsste es jetzt irgendwo dort regnen." Vater zeigt mit der Hand in die entgegengesetzte Richtung der Sonne. „Wie entsteht so ein Regenbogen?" „Er entsteht durch Brechung und Spiegelung des Sonnenlichts in den Wassertropfen einer Regenwolke. Du musst aber zwischen Wolke und Sonne stehen und die Sonne muss mit ihren Strahlen den Regen bescheinen." Hassan überlegt eine Weile, dann antwortet er zögerlich: „Auf deinem Schreibtisch liegt ein Prisma, als einmal die Sonne ins

Zimmer reinschaute, da habe ich auf dem Glas daneben auch die Farben vom Regenbogen gesehen." Vater strahlt den Jungen an: „Das ist richtig, das hast du gut beobachtet. Die Farben, die du gesehen hast, werden Spektralfarben genannt." „Und all diese Farben sind im Licht der Sonne enthalten?" „Ja, Licht ist aber noch viel mehr, wie heißt Licht auf Arabisch?" „An-nur, ach, ich weiß, was du damit sagen willst. An-nur ist auch ein Name von Gott und es bedeutet dann wohl, dass alles Licht von Gott kommt." „Ich bin wirklich stolz auf dich", erwidert Vater und drückt seinen Sohn an sich. „Ja, das wahre Licht ist Gott selbst. Unser Licht, das, was wir hier sehen, ist nur eine Reflexion, ein Widerschein, eine Rückstrahlung des vollkommenen Lichtes in unserer Welt. Das siehst du am besten am Mond: Wenn die Sonne ihn nicht bestrahlt, dann kann er nicht scheinen, er hat also kein Eigenlicht. Im Koran erklärt uns Gott dieses Phänomen mithilfe einer Nische: die Nische, im Arabischen ‚miskat' genannt, ist eine Vertiefung in der Wand, in die früher für gewöhnlich eine Lampe gestellt wurde. Die Lampe ist das eigentlich Besondere, die wirkliche Erleuchtung, besonders für die des Menschen, ihr Wissen nämlich. Die Nische bedeutet, dass das Licht gut in dem Raum verteilt wird. Das Licht durchdringt das Glas, das sozusagen das Licht schützt. Das Glas selbst kann nicht leuchten, wenn sich jedoch ein Licht darin befindet, dann strahlt es wie ein Stern. Mit dieser Lampe sind die Gesandten von Gott gemeint, sie verkündeten die Wahrheit, von Gott erleuchtet oder geleitet, und wurden so zu leuchtenden Vorbildern." „Und können auch Menschen wie wir von diesem Licht bestrahlt werden?" „Natürlich, wenn du mit reinem Herzen an Gott glaubst, dann schenkt Er dir von Seinem Licht, das heißt von Seinem Wissen, damit du ein schönes Vorbild in deiner Schule und später in deiner Arbeit wirst."

Beide schweigen für eine Weile, Hassan schließt die Augen und denkt darüber nach, wie wundervoll doch das Licht ist. Ein leichtes Lächeln liegt auf seinem Gesicht und als er seine Augen wieder aufschlägt und zur Sonne sieht, leuchten sogar seine Augen. „Sieh mal Papa, die Sonne geht langsam unter, wie schön doch diese Farben der Sonne sind. Also bedeutet Licht auch Schönheit." Verwundert sieht der Vater seinen Sohn an und ein tiefes Leuchten hängt nun auch über seinem Gesicht. „Komm, lass uns nach Hause gehen, bestimmt warten schon alle auf uns." Damit fasst er seinen Sohn an der Hand und beide schlendern zufrieden zum Dorf zurück, voran der fröhlich tollende Hund.

Sadaqa

Hassan sitzt rittlings auf dem Fensterbrett und starrt trübselig in den Garten hinaus. Nicht einmal die schönen Rosen, die er sonst immer gebührend bewundert hat, können ihn aufheitern. Schon tagelang ist der Himmel verhangen, kaum ein Sonnenstrahl hat sich gezeigt, nur hin und wieder ein Regenguss. Kein Fahrradwetter! Er denkt an seine Hausaufgaben: Stichpunkte aufschreiben für einen kleinen Vortrag. Jeder Schüler muss im Laufe der Woche über ein besonderes Thema reden, für ihn hat die Lehrerin das Thema ‚Sadaqa' ausgesucht. Nun, da kann er bestimmt viel erzählen, er hat auch schon einiges notiert, möchte aber heute Abend noch mit Vater darüber sprechen. Der hat versprochen, heute pünktlich nach Hause zu kommen.

Der Gedanke an Vater lässt ein leichtes Lächeln über sein Gesicht huschen. Langsam verschwindet seine Trübseligkeit, ein kurzer Blick in den wolkenverhangenen Himmel besagt: „Na und? Ich lass mir nicht wegen ein paar Wolken den Tag vermiesen!" Er sieht auf den Wecker auf der Kommode neben seinem Bett, schwenkt sein Bein über die Fensterbrüstung nach draußen und springt auf den Gartenboden. Dann schlendert er langsam in Richtung Gartentor. Bald wird Vater kommen. Mit einem Schwung klettert er am Kirschbaum hoch und rutscht auf einem niedrigen, dicken Ast entlang, der bis zum Zaun reicht; sein Ausguck, wie die Mutter sagt. Er sieht über sich in das Geäst. Die noch nicht ganz reifen hellroten Kirschen

winken ihm schon mal verführerisch zu, bald ist es soweit für ein Kirschfest.

Ein ihm sehr bekanntes Geräusch lässt ihn sich schnell zur Straße wenden, diesen Motoren-Sound gibt es nur einmal und er lässt sein Herz schneller schlagen. Vater hat Hassan gleich auf dem Ast entdeckt und winkt ihm zu. „Nun, mein Sohn, wie war dein Tag? Hast du schon auf mich gewartet? Komm runter, genießen wir noch ein bisschen die Zeit bis zum Abendessen." Hassan springt in die offenen Arme des Vaters, dann gehen beide zur Gartenbank und setzen sich. Vater hält immer noch eine Hand seines Sohnes fest in seiner großen Hand, der sich dicht an ihn schmiegt. Hassan macht sich gar nicht erst die Mühe zu antworten, er weiß, dass Vater in seinem Gesicht wie in einem Buch lesen kann. Vater drückt Hassan eine ganze Weile fest an sich, dann blickt er ernsthaft in das Gesicht seines Sohnes und fragt ohne Umschweife: „Was willst du wissen?" Hassan rutscht ein wenig vom Vater ab, überlegt kurz und sagt dann: „Heute haben wir in der Schule jeder ein besonderes Thema bekommen, über das wir vor der Klasse sprechen sollen. Ich soll über Sadaqa reden, was es im Islam und überhaupt bedeutet." Vater lächelt. „Das ist ja ein tolles Thema, darüber kann man viel erzählen. Du weißt ja, Sadaqa hat viele Formen, es kann einfach nur Freundlichkeit sein als ein wichtiger Charakterzug, der im Islam hoch geachtet wird. Es kann aber auch Hilfe, zum Beispiel beim Lernen, bedeuten oder eine freiwillige Spende. Das kann vieles heißen, zum Beispiel, dass man mit jemandem etwas teilt, vielleicht einen Apfel, oder gar Geld spendet für notleidende Menschen, die durch eine Katastrophe arm geworden sind. Es gibt viele Arten dieser Wohltätigkeit." Hassan unterbricht ihn schnell, denn ihm kommt gerade ein Gedanke: „Du hast mir vor einiger Zeit einmal gesagt, dass der Prophet Muhammad gesagt haben soll: ‚Jede gute Tat ist eine Sadaqa', du hast mir sogar die Stelle in Buchari gezeigt." „Du erinnerst dich noch daran? Das finde ich toll", lobt ihn der Vater. Weiter spricht er: „Das Spenden hat im Islam eine besondere Bedeutung. Derjenige, der Almosen gibt und dabei an Gott denkt, stärkt seinen Glauben und auch seinen Charakter." Vater macht eine Pause und sagt lächelnd weiter: „Oder hast du jemals von einem Reichen gehört, dessen Charakter sich gebessert hat, obwohl er nichts gegeben hat?" Hassan muss bei diesem Gedanken laut lachen.

Mutter steckt den Kopf aus dem Küchenfenster und fragt neugierig: „Worüber lacht ihr? Habe ich etwas verpasst?" Hassan wiederholt die letzten Worte des Vaters und erreicht dadurch, dass auch seine Mutter darüber lachen muss. Das bringt Vater auf eine Idee: „Siehst du, wir haben Mama zum Lachen gebracht und haben gerade Sadaqa gemacht." Hassan ist wieder nachdenklich geworden. Er sagt: „Als ich vorhin von der Schule nach Hause ging, da hatte vor mir eine Frau ihren Schlüssel fallen gelassen, ich habe ihn aufgehoben und ihr zurück gegeben. Sie hat mich dankbar angelächelt und ich freute mich darüber. Da haben wir beide uns also gegenseitig Sadaqa gegeben, einmal ich, weil ich ihr geholfen habe und sie, weil sie mir ein Lächeln geschenkt hat, was mich wiederum freute."

Mutter forscht weiter: „Ja, das ist richtig, es gibt aber so viele Beispiele für Sadaqa, die wir kaum als etwas Besonderes beachten. Vorhin, als du von der Schule kamst, hast du kurz vor unserer Gartentür etwas aufgehoben und es dann in unsere Mülltonne, die noch auf der Straße stand, geworfen. Warum, und was hast du dir dabei gedacht?" Hassan blickt erstaunt zur Mutter: „Es war doch wirklich nichts Besonderes daran! Das hätte doch jeder getan! Ich habe nur daran gedacht, dass ich, wenn ich das nächste Mal mit dem Fahrrad fahren werde, keine Panne wegen eines Loches im Fahrradschlauch haben möchte." Hassan macht eine Pause. „Aha, ich weiß, worauf du hinaus willst. Ich möchte natürlich nicht, dass das einem Anderen das passiert."

Vater fährt fort: „Ja, Sadaqa hat etwas mit Freundlichkeit, Hilfsbereitschaft und mit deiner Beziehung zu anderen Menschen zu tun. Gestern im Garten, als dein Freund Peter dich besucht hat, hast du ihm von deinen Bonbons abgegeben.

Warum hast du das getan?" Hassan strahlt seinen Vater an: „Eigentlich habe ich mir gar nichts dabei gedacht. Es war doch nur eine Kleinigkeit, eine Höflichkeit meinem Freund gegenüber. Mir schmecken diese Bonbons und ich habe gedacht, dass auch Peter sie gern essen würde." Vater schüttelt leicht den Kopf: „Du siehst, diese Kleinigkeiten, wie du sagst, sind wichtig unter Freunden. Im Laufe der Zeit kommen viele solcher Kleinigkeiten zusammen, so dass sie zu einem guten Verhalten beitragen und wenn du Gott bittest, ein guter Mensch zu sein, dann zählt das am Ende deines Lebens und wiegt schwer auf der Waage deiner guten Taten." Hassan ist nachdenklich geworden. „Ich finde, das sind sehr gute Beispiele, darüber muss ich unbedingt in meinem Vortrag erzählen", sagt er und die Mutter, die es sich unterdessen auf dem Fensterbrett bequem gemacht hat, fügt hinzu: „Da haben wir schon Freundlichkeit, Hilfsbereitschaft, Höflichkeit und guten Taten, das alles bedeutet Sadaqa."

Hassan fragt den Vater: „Was heißt eigentlich Sadaqa genau?" Vater denkt kurz nach und sagt dann: „Im Arabischen bedeutet es ‚wahrhaftig' oder ‚aufrecht sein'. Es bezeichnet auch ein wohltätiges und freiwilliges Geben. Ganz einfach gesagt: Etwas Gutes tun für andere im Namen Gottes, als hätte Gott es selbst getan; und nützliche Dinge manchmal auch für sich selbst machen, wenn es dann auf andere wieder zurückstrahlt." Hassan blickt fragend den Vater an: „Gutes für sich selbst tun, was auch anderen nützt, das bedeutet, mich gut auf meinen Bericht vorzubereiten und den Schulkameraden davon zu erzählen, also mein Wissen weitergeben." Mutter und Vater tauschen lächelnd einen Blick aus und blicken dann liebevoll auf ihren Sohn, was bedeutet: „Wir sind ganz stolz auf dich." Vater drückt ihn fest an sich und Mutter sagt immer noch lächelnd: „Genug geplaudert! Nun wird es Zeit fürs Abendessen, es wartet schon eine ganze Weile auf euch."

Hassan und die Liebe zu Gott

Peter und Hassan liegen auf der Terrasse des neuen Baumhauses und lassen die Beine zwischen den Planken des Geländers nach unten baumeln. Noch vor wenigen Minuten erklangen hier die letzten Hammerschläge, um das Geländer der kleinen Terrasse zu vollenden. Nun ist Ruhe im sommerlichen Garten eingekehrt. Plötzlich zieht ein herrlicher Duft durch den Garten. Peter erschnuppert ihn als erster und nun meldet sich auch sein Hunger. „Hmmm, riecht das gut!" Hassans Mutter und seine Schwester sind dabei, den Kaffeetisch zu decken. Zum Kuchenduft gesellt sich bald auch noch ein Kaffeeduft. Nun hebt auch der Vater den Kopf von seinem Liegestuhl unter dem Baumhaus und gibt ebenfalls ein „Hmmm" von sich zu hören, was die Mutter zum Lachen bringt. „Nun kommt ihr drei Fleißigen schon her! Zur Einweihung des neuen Baumhauses habe ich mir etwas Besonderes ausgedacht."

Schnell sind die beiden Jungen vom Baumhaus hinunter gesprungen und laufen, sich gegenseitig überholend, zum Gartentisch. Kurz vor dem Tisch bleiben beide mit einem Ruck stehen, die Augen groß und rund vor Staunen. Ihr Baumhaus! Da liegt mitten auf dem Tisch ein kleines Baumhaus aus Kuchenteig, mit Schokolade und lauter kleinen Schokolinsen verziert. Mutter und Schwester sehen sich lächelnd an, die Überraschung ist ihnen gelungen. Vaters Kommentar lässt die Erstarrung der beiden verschwinden: „Fast zu schade zum Zerschneiden und Essen!"

Dann aber nimmt er beherzt das Messer und schneidet den Kuchen in mehrere kleine Stücke. Peter und Hassan teilen sich das Dach, welches mit Schokoziegeln bedeckt ist. Im Nu ist Peters Stück verschwunden und mit einem Seitenblick auf

die Mutter nimmt er sich die Tür. Hassan muss trotz voller Backen lachen, fast hätte er sich verschluckt. Hastig nimmt er einen Schluck von seinem Kakao. Mutter sagt verschmitzt zu Peter: „Ich sehe, dir schmeckt der Kuchen." Peter kann diese Feststellung nur mit einem „Hm" bekräftigen. Auch Vater lobt den Einfall der Mutter und sagt zu ihr: „Du hast dich mal wieder selbst übertroffen! Und wie der Kuchen schmeckt!"

Als der Kuchenteller nach einer Weile nicht mal mehr ein einziges Krümelchen vorweisen kann, fragt Hassans Schwester: „Darf ich euer Prachtstück auch einmal besichtigen?" Hassan und Peter sehen sich an, aus ihren Augen sprüht der Schalk. „Ich habe auch ein Geschenk für euer Baumhaus", bittet sie weiter. „Na gut, komm mit herauf!", fordert Hassan seine Schwester großzügig auf. Schnell läuft die Schwester in den Flur, kommt mit einem Sack wieder heraus und übergibt ihn Hassan. Neugierig knüpft Hassan den Sack auf und ist sehr überrascht. „Ein Stück Tau zum Hangeln; wenn ihr das Tau am Dach befestigt, braucht ihr nicht die kleine steile Treppe benutzen", erklärt die Schwester. Für einen Moment hält Hassan inne, überwältigt von einem tief aus dem Herzen kommenden Gefühl. Er weiß es nicht gleich auszudrücken, dann aber umarmt er seine Schwester mit einem glücklichen Lächeln, läuft weiter zu seiner Mutter und gibt ihr einen herzhaften Kuss. Liebevoll drückt sie ihren Sohn an sich. Nun geht sein Blick zu Vater und Peter, die nebeneinander stehen und ihn mit unterschiedlichen Erwartungen ansehen, Vater lächelnd und Peter etwas verlegen. Hassan sagt dann aus vollem Herzen: „Alhamdu liAllah wa shukru liAllah!" Etwas unsicher fragt Peter: „Was hast du gesagt, was heißt das?" „Ich habe ganz einfach Gott für all dieses gelobt und Ihm gedankt."

Noch lange ist Peter von Hassans Gefühlsausbruch überwältigt und verwirrt, auch als sie schon wieder auf ihrer Veranda sitzen. Er ist von ihm so allerlei gewöhnt, aber das hier! Wie kann man jemanden so danken, den man überhaupt nicht kennt oder sieht.

Er hatte in den wenigen Worten so viel Liebe gespürt. Er selbst hat sich auch oft bedankt, bei den Eltern, bei Freunden, er fand es als nichts Besonderes, aber bei einem Gott? Natürlich, er liebt auch seine Eltern, aber einen Gott? Was hat Gott zum Bau des Baumhauses beigetragen? Er schielt zu seinem Freund, der sich mit geschlossenen Augen gegen das Geländer lehnt. Sein ganzes Gesicht drückt Zufriedenheit aus und in seinen Mundwinkeln hängt noch ein kleines Lächeln. Woran mag er denken? An seinen Gott? Es geht ihm nicht aus dem Sinn, wie glücklich sein Freund doch aussah, als er seinem Gott dankte. Je mehr Peter darüber nachdenkt, desto verwirrter wird er. Wie ist das mit der Liebe zu Gott?

Endlich fasst er sich ein Herz und fragt: „Was ist das Besondere an der Liebe Gottes?" Hassans Vater, der gerade auf seinem Liegestuhl etwas eingenickt war, schrickt auf und sieht Peter schläfrig an. Der wiederholt seine Frage. Vater wird vollends munter, setzt sich bequem hin und überlegt. Dann fragt er Peter: „Du liebst doch bestimmt deine Eltern?" Peter nickt nur. „Kannst du dir vorstellen, wenn zwei Menschen sich lieb haben, weil es Gott so möchte, dass Gott denjenigen am meisten liebt, der den anderen Menschen die größere Liebe und Hochachtung entgegen bringt?" Er fügt weiter hinzu: „Auf jeden Fall liebt Gott uns, weil wir einander lieben und achten. Ich denke, du hast auch Hassan gern, so wie er dich. Ist das nicht etwas Schönes und Wertvolles?" Peter hört aufmerksam zu, denkt, dass Hassans Vater damit bestimmt recht hat und nickt leicht mit dem Kopf. Vater fährt fort: „Das zu wissen, bringt dir das nicht Freude in dein Herz? Würdest du nicht alles dafür tun, damit eure Kameradschaft und auch Liebe zueinander

so auch mich!

bleibt? Gott liebt diejenigen, die einander lieben." „So auch mich?" Lächelnd antwortet Hassans Vater: „So auch dich." Nach kurzem Nachdenken fügt er hinzu: „Unser Prophet hat berichtet, dass Gott, wenn Er jemanden liebt, Gabriel ruft und sagt: ‚Gabriel, ich liebe diesen Menschen, so liebe auch ihn'. So wird er von Gabriel geliebt. Dann ruft Gabriel zu den Bewohnern des Himmels - das sind die Seelen der Propheten und der Gläubigen - und sagt: ‚Gott liebt diesen Menschen, so liebt ihn auch.' Und so lieben ihn die Leute des Himmels. Und nicht nur das, auch die Menschen hier auf der Erde mögen ihn, weil es Gott so möchte. Also zusammengefasst: Wenn Gott jemanden liebt, dann sagt Er es. Alle sollen es mitbekommen: Gabriel, die Bewohner des Himmels und die Menschen auf der Erde." Leise, wie zu sich selbst, sagt er noch: „Die Liebe zueinander ist der kostbarste Schatz und jeder sollte sich um diesen Schatz bemühen." Wieder zu Peter gewandt, fügt er lauter hinzu: „Liebe bedeutet Gutes tun, füreinander einstehen und sich gegenseitig helfen und achten, sich bemühen, die Wahrheit zu sagen."

Peter ist nachdenklich geworden. Er fragt weiter: „ Dann hat also Hassan Gott gelobt und sich bei ihm bedankt und Gott gibt diesen Dank mit Liebe an Hassan zurück." „Genau, so ist es." ruft Hassans Vater aus. Peter lächelt in sich hinein und ist mit sich sehr zufrieden: „So danke ich dir auch, lieber Gott, für die Liebe zu meinen Eltern, für die Freundschaft mit Hassan."

so auch mich!

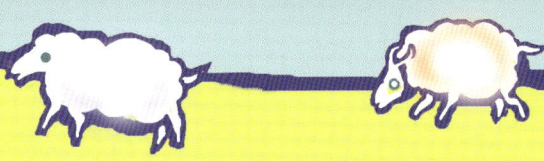

Bescheidenheit

Die ersten Sterne funkeln schon und die letzte Abendröte versinkt im See. Eine leise Brise streift über die kleinen windzerzausten Bäume und bringt eine sanfte Kühlung. Hassan liegt im Eingang seines kleinen Zeltes und schaut in das flackernde Lagerfeuer. Langsam geht sein Blick zum Vater, der ganz in der Nähe des Feuers sitzt und gerade mit einem langen, dünnen Ast einige glimmende Holzscheite zurück in das Feuer schiebt. Ringsum ist alles still, nur das Prasseln des brennenden Holzes ist zu hören. Allmählich überwältigt Müdigkeit die Anspannung der letzten Stunden.

Es war ein langer Tag heute, sehr früh sind sie aufgestanden, der Vater, die Mutter und er; sie haben ihre Fahrräder genommen und die beiden Zelte und sind einfach losgefahren. Unterwegs gab es immer wieder etwas zu entdecken. Auf einer abgemähten Wiese graste eine Schafherde, deren kleine Schäflein herumsprangen wie Springböcke. Der Schäfer stand wie ein Baum auf seinen Stock gestützt, um ihn herum tollte ein Junge mit einem jungen Hund. Der Junge lachte aus vollem Hals und seine Augen zwinkerten Hassan fröhlich beim Vorbeifahren zu. Später beobachteten sie einige Rehe, die am Waldrand ästen. Sie hoben nur ihre Köpfe, als die Radfahrer nicht weit von ihnen vorbeiradelten, und zupften weiter an den Ähren der Grashalme. Hassan stieg vorsichtig von seinem Fahrrad und schlich sich sehr nahe, gedeckt durch einige dicke Büsche, an sie heran. Da ein Knacken - und gemächlich zogen die Rehe weiter, ohne mit dem Fressen aufzuhören.

Bald darauf hatten sie unter einer uralten dicken Eiche Rast gemacht. Hassan hatte sich müde an den rissigen Stamm gelehnt. Über ihm rauschte der Blätterwald und plötzlich, als er seinen Kopf an den Stamm zurückgelehnt hatte, meinte

er sogar ein leises Raunen zu vernehmen, wie das Atmen des Baumes.

Bilder des Jungen mit den Schafen und sein glückliches Lachen kamen ihm in den Sinn und unwillkürlich musste auch Hassan lächeln. Er stand auf und umarmte den Baum. Nein, seine Arme reichten nicht, um ihn vollends zu umfassen.

Schließlich hatten sie dieses versteckte Plätzchen am Waldrand, am Ufer eines Sees, auf dem schon einige Zelte standen, entdeckt und auch Platz für ihre Zelte gefunden. Im Schein der untergehenden Sonne waren sie schnell aufgestellt. Bald klapperte Mutter mit dem Geschirr, Vater zündete ein kleines Feuer an und schnell prasselten lustige Flammen an den dicken Zweigen empor, dann rief schon Mutter zum Essen.

Langsam löst Hassan seinen Blick vom Feuer, er wandert in das Gesicht der Mutter, streift weiter über das dunkle Wasser des Sees und bleibt an den wenigen hellen Wolkenflecken hängen, zwischen denen die Sterne nun sichtbar blinzeln, als wollten sie ihm zuzwinkern. Er sucht das Sternenbild des Großen Bären, kann es aber nicht finden. Die Tiefe und Schwärze des Himmels nimmt ihn gefangen, um ihn herum verschwindet die Wirklichkeit. Er sieht, wie hinter einem dunklen Schleier, eine kleine Gestalt, die auf einem großen Stein hockt, um sie springen einige Schafe und Ziegen herum. Auch die Gestalt, ein kleiner Junge, sieht nachdenklich in den klaren Himmel. Woran mag er wohl denken?

Langsam verschwindet die Erscheinung, aber es bleibt ein Rest von Sehnsucht nach diesem Jungen in Hassan zurück. Wer ist dieser Junge und warum muss er immer wieder an ihn denken? Unvermutet bittet er den Vater: „Erzähl mir was von Muhammad, als er noch ein kleiner Junge war und als er unser Prophet wurde." Vater sieht Hassan, der ihn plötzlich aus seiner Gedankenwelt herausgerissen hat, überrascht an. „Vom Propheten Muhammad? Was willst du wissen?" Langsam sammelt sich Vater. Er betrachtet seinen Sohn und überlegt. „Vom Propheten...", wiederholt er nachdenklich. Hassan hakt nach: „Wie war er, wie sah er aus, erzähl mir einfach von ihm!"

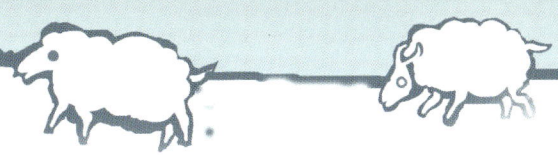

Es vergeht eine ganze Weile, kein Laut ist zu hören. Hassan senkt schon leicht traurig den Kopf, in dem Moment beginnt Vater leise zu erzählen: „Muhammad ist schon sehr früh Waise geworden, schon vor seiner Geburt ist sein Vater Abdallah gestorben, und als er sechs Jahre alt war, starb auch seine Mutter Amina. Sein Großvater Abd al-Muttalib, der ihn sehr liebte und stolz auf ihn war, nahm ihn zu sich. Er sagte schon damals über seinen Enkel: ‚Bei Gott, Großes wird mit ihm geschehen'. Aber auch er starb bald und sein Onkel Abu Talib sorgte von nun an für ihn, obwohl er nicht besonders reich war."

Ein beklemmendes Gefühl überkommt Hassan. Wie schlimm muss das sein, so ohne Eltern aufzuwachsen, denkt er, dann steht er auf und setzt sich zwischen seine Eltern und legt seine Hände in ihre. Wärme durchströmt ihn und langsam legt sich seine Beklommenheit. Mit einem zärtlichen Blick auf seinen Sohn fährt Vater fort: „Von seiner neuen Familie erhielt er ihre ganze Liebe und auch Schutz erfuhr er durch seine Sippe. Er hütete wie alle anderen kleineren Kinder die Schafe und Kamele der Familie."

Hassan sieht in seinen Gedanken wieder das Bild des Jungen mit den Tieren vor sich, aber er kann sein Gesicht nicht erkennen. Der Junge mochte gerade so alt sein wie er. Mit einem Seitenblick auf seinen Sohn erzählt Vater weiter: „Es gibt nicht allzu viele Überlieferungen über die ersten Jahre des Propheten, aber das wenige zeugt von einer glücklichen Kindheit, trotz des frühen Todes der Eltern. Später, er war so ungefähr zwölf Jahre alt, nahm er an den Handelsreisen des Onkels teil und wurde ein guter Kaufmann. Er mochte die Bräuche und Riten seines Volkes nicht, die noch an viele Gottheiten glaubten, und nahm nie daran teil. Aber dennoch besaß er einen sehr guten Ruf. Man nannte ihn al-Amin, der Treue und Zuverlässige."

Vater macht eine Pause, nimmt den Becher mit dem frischen Wasser aus der Pumpe, die zum Lager gehört und trinkt etwas. Seine Augen schweifen über das kaum erkennbare Wasser des Sees, dann beginnt er von Neuem. Hassan erschrickt etwas, denn er war tief in Gedanken versunken. Er hat sich den Propheten vorgestellt, wie er gemeinsam mit den anderen Mitgliedern des Stammes den letzten Stein in die neu errichtete Kaaba gesetzt hatte. Er kennt diese Geschichte, denn sie war eine der ersten, die er vom Vater gehört hatte.

„Man berichtet über den Propheten, dass er ein angenehmes Gesicht hatte, das rund, hell und ebenmäßig war. Er war von mittlerer Größe. Aisha, seine Frau berichtete, dass sein Kopfhaar leicht gewellt war und ihm nicht ganz bis zu den Schultern reichte, sein Bart war dick und schwarz." Hassan unterbricht den Vater: „Hatte er nicht schon graue Haare?" Vater lachte: „Was du alles wissen willst! Ja, er hatte einige wenige, aber wenn er das Haar einölte, dann sah man sie nicht. Wenn ihm etwas gefiel, leuchtete sein Gesicht auf. Sein Lachen war aber nicht mehr als nur ein Lächeln. Auf seinem Rücken, unterhalb der linken Schulter, befand sich ein Mal-", schnell unterbricht Hassan ihn: „- von dem man sagt, es sei das ‚Siegel des Prophetentums', es hatte die Größe eines Taubeneies." Vater schmunzelt: „Da soll ich dir vom Propheten erzählen und du kannst es bald besser als ich." „Erzähl nur weiter, ich höre dir so gern zu, wenn du von ihm sprichst."

Die Mutter hat die ganze Zeit still danebengesessen und zugehört, den Kopf auf die Arme gestützt und die Augen geschlossen. Nun regt sie sich, schaut sich um und pflichtet dann Hassan bei: „Du kannst wirklich gut erzählen, sieh mal, wir haben noch andere Zuhörer." Während des Erzählens waren einige Zeltnachbarn näher gekommen und hatten sich auf dem Rasen niedergelassen. Nun lächeln sie verlegen.

Nachdem er sie eine Weile gemustert hat, sagt Vater an die Zaungäste gewandt: „Kommt näher; wenn ihr wollt, könnt ihr

zuhören." Dann holt er tief Luft und lässt den Atem langsam wieder herausströmen, als stimme er sich auf einen Vortrag ein. „Der Prophet lebte immer ein einfaches und bescheidenes Leben, als Händler in Mekka und auch später als der Gesandte Allahs, als Führer aller Muslime. Muhammad war das beste Beispiel für Bescheidenheit und Demut. Auf dem Markt ging er an den Leuten leise und lächelnd vorbei, er sprach niemals laut, dafür aber langsam und deutlich, damit sich alles, was er sagte, in den Köpfen seiner Gefährten fest verankerte. Er war sehr höflich und lächelte im Beisein seiner Gefährten." Auch Vater lächelt jetzt: „Er war sogar humorvoll und hat mit seinen Kameraden oft gespaßt. In diesem Augenblick unterbricht die Mutter den Vater und fasst ihn an der Schulter: „Ich weiß darüber eine kleine Geschichte!" Hassan ruft aus: „Es wird immer spannender, fang schon mit deiner Geschichte an! Ich habe gar nicht gewusst, dass der Prophet auch scherzen konnte." „Nun gut, du Quälgeist!" Mutter beginnt mit leiser Stimme: „Da kam eines Tages eine alte Frau zu Muhammad und bat ihn: ‚Oh Gesandter Gottes! Bitte bete für mich, dass ich ins Paradies komme'. Muhammad antwortete ihr – und sicher saß ihm da der Schalk in den Augen: ‚Ältere Frauen können nicht ins Paradies kommen'. Als die alte Frau dies hörte, begann sie zu weinen. Nun lächelte Muhammad und sagte: ‚Sei nicht traurig, ich wollte damit sagen, dass du von Gestalt nicht als alte Frau, sondern als junges Mädchen ins Paradies kommen wirst." Hassan lacht kurz auf: „Ich kann mir gut vorstellen, wie da die alte Frau glücklich war." Er macht eine kleine Pause und fügt dann hinzu: „Oh, Mama, wer weiß, wie du dann aussehen wirst?" Daraufhin müssen auch alle anderen lachen und es dauert eine Weile, bis Vater weiter erzählen kann.

„Auch als Prophet blieb er immer ein einfacher geduldiger Mensch, ließ sich nicht bedienen, säuberte sein Haus selber und reparierte sogar seine Schuhe selbst. Niemals schaute er auf seine Gefährten herab, sondern half den Sklaven oder unterstützte

die Witwen." Hassan unterbricht den Vater und sagt: „Und er hat jede Gelegenheit genutzt, um mit Kindern zu spielen, denn er liebte sie sehr. Besonders zu seinen Enkelkindern Hassan, mein Namensvetter, und Hussein war er sehr zärtlich und ließ sie mit ihm viel Unfug treiben. Sie kletterten zum Beispiel auf seinen Rücken, wenn er sich beim Gebet nach vorn beugte und er wartete geduldig, bis sie wieder hinabstiegen. Das nenne ich wirklich Geduld!" Die Zuhörer lächeln Hassan anerkennend zu, dessen Gesicht sich langsam vor Freude rötet. Er ist froh, dass es in der Dunkelheit niemand bemerkt. Vater fährt seinem Sohn mit der Hand über den Kopf und zieht ihn näher an sich heran. Er ist sehr stolz auf ihn. „Ja, der Prophet Muhammad führte ein einfaches Leben, ohne Prunk oder Verschwendung. Er war sehr freigebig, alles, was er besaß schenkte er denen, die noch ärmer waren als er und oft hatte auch seine Familie nicht mehr als ein paar Datteln zu essen. Wenn er nur gewollt hätte, hätte er reich sein können, aber er wollte nicht. Er sagte von sich: ,Ich bin nur ein Diener Gottes' und als er des Nachts aufstand und stundenlang betete, so dass seine Füße ganz anschwollen, so sagte er zu seiner Frau Aisha: ,Soll ich denn kein dankbarer Diener Gottes sein?' Und zu seinen Gefährten sagte er stets, dass dieses Leben im Diesseits nur ein Durchgang wäre, kein dauerhafter Aufenthalt. Er hielt sie an, bescheiden zu sein, die Wahrheit zu lieben und die Menschen zu achten." Vater sitzt nun wieder still da und blickt nachdenklich ins Feuer. Hassan überlegt laut: „Seine Art, mit den Menschen zu reden, zu gehen, zu sitzen, zu essen und zu arbeiten, also wirklich alles in seinem Leben spiegelte Bescheidenheit und Demut wieder."
Danach bleibt es lange ruhig, auch das Knistern des heruntergebrannten Feuers verebbt langsam und die Gäste verabschieden sich.
Hassan ist müde, und während er sich in seinen Schlafsack kuschelt, fragt er sich noch, ob er im Traum wieder den kleinen Jungen sehen wird, oder gar den Propheten?

Peter und die Engel

Hassan reckt sich müde und stößt dabei Peter an, der aus seinem Dämmerschlaf aufschreckt und Hassan irritiert ansieht. Beide sitzen auf der kleinen Veranda ihres Baumhauses, die Beine baumeln zwischen den Hölzern des Geländers nach unten und die Köpfe lehnen an der Holzwand. Es ist später Nachmittag, die Schatten der Bäume sind schon recht lang, aber die Wärme des Tages will nicht weichen.

Ein Duft von gegrilltem Fleisch zieht durch den ganzen Garten und der Magen von Peter grüßt auch schon. Peter sieht schnell zu Hassans Vater hinunter, der am Grill steht und das Fleisch mit der Zange wendet. Ganz verlegen sagt er zu Hassan: „Hoffentlich hat das dein Vater nicht gehört, sonst denkt er, ich wäre sehr hungrig und verfressen." Hassan gibt ihm einen Rippenstoß und sagt nur: „Bist du das denn nicht?" Er steht langsam auf und klettert vorsichtig die Treppenleiter herunter, während Peter sich hinter ihm am Seil nach unten schwingt. Beide kommen gleichzeitig auf dem Rasen an und gehen gemächlich zum Gartentisch hinüber. Mutter, die gerade den vorbereiteten Salat auf den Tisch stellt, dreht sich zu ihnen um und sagt: „Ihr könnt euch schon setzen, es geht gleich los." Peter setzt sich, während Hassan zum Grill geht und den Vater fragt: „Kann ich dir helfen?" „Ja, du kannst den Teller für das Fleisch herbringen, die ersten Stücke sind fertig." Hassan beeilt sich, Vater den Teller zu reichen und ihn, voll mit saftigen Fleischstücken, wieder auf den Tisch zu stellen. Dann setzt er sich auch. In dem Moment schreit Vater kurz auf und schimpft vor sich hin. Hassans ältere Schwester

und Mutter kommen schnell aus dem Haus gelaufen. „Was ist los?", fragen sie beide gleichzeitig. „Beinahe hätte ich mich an der Hand verbrannt! Die Zange rutschte mir aus der Hand und ohne nachzudenken wollte ich sie gleich wieder greifen, im letzten Augenblick habe ich die Hand wieder zurückgezogen. Oder war es mein Schutzengel, der meine Hand ergriffen hat?" „Schutzengel?", fragt Peter verständnislos, „Was für ein Schutzengel?" Nun ist es Hassan, der Peter verdutzt ansieht.

„Weißt du denn nicht, dass jeder Mensch Schutzengel hat, die ihn vor Gefahren bewahren? Im Koran steht ein Vers, der über die Wächter über uns erzählt, die von Gott gesandt wurden, um uns zu behüten, bis wir sterben. Diese Wächter können nur Engel sein." Peter sieht Hassan etwas von der Seite an, er weiß nicht, ob er ihm glauben soll. Er atmet auf, als sich auch alle anderen an den Tisch setzen. Er wird aber schnell wieder verlegen, als er ein leises ‚Bismi Allah' hört, denn er weiß nicht, was er sagen soll. Vater bemerkt seine Unsicherheit, beugt sich etwas zu ihm hin und flüstert ihm zu: „Du kannst ruhig ‚Im Namen Gottes' sagen, Gott wird dir dafür danken."

Die Sonne bereitet sich auf das Untergehen vor und langsam beginnt der Himmel zu glühen, als endlich das letzte Stück Fleisch von Peter verdrückt wird. Die beiden Jungen räkeln sich auf ihren Sitzen, dann schiebt Peter sich das Rückenkissen zurecht, gibt sich einen Ruck und fragt Hassans Vater: „Gibt es wirklich Engel? Ich habe immer gedacht, das wäre nur ein Märchen für kleine Kinder."

Auch Vater macht es sich auf der Bank bequem, legt die Füße auf den danebenstehenden Stuhl und beginnt dann mit dem Erzählen. „Du kennst sicher die Bilder von Engeln in der Kirche und hast vielleicht schon einmal von Gabriel, dem Erzengel gehört." „Schon, aber ich dachte immer, dass man sich das früher nur ausgedacht hatte." „Nein, es gibt sie wirklich", sagt Vater mit großem Ernst. „Nur, wir malen sie nicht in unseren Moscheen, solche Bilder oder Plastiken findest du dort nirgends. Auch bei uns ist der oberste Engel Gabriel, wir sagen zu ihm ‚Dschibril'. Er hat eine besondere Bedeutung, denn er ist nach islamischer Auffassung der Überbringer des Korans an unseren Propheten Muhammad; er ist sozusagen der ‚Botschafter' zwischen Gott und Muhammad. Alles, was Gott den Menschen zu sagen hatte, überbrachte er dem Propheten." „Also weiß Gabriel alles." „Das glaube ich nicht, denn es gibt nur einen, der alles kennt und weiß und das ist Gott selber. Es gibt viele Engel und jeder hat eine bestimmte Aufgabe." Hassan nickt dem Vater zu und spricht dann weiter: „Es gibt vier Erzengel, von Dschibril hast du gerade gehört. Israfil, im Deutschen wird er Raphael genannt, wird die Trompete bei der Auferstehung blasen. Mika'il oder Michael ist der Engel der Gerechtigkeit. Dann kommt noch ein besonderer Engel, Izrail, er ist der Engel des Todes, der zu einem Menschen kommt, wenn seine Todesstunde naht, um ihn aus dem Leben abzuberufen."

Peter wird es ein wenig beklommen zumute, als er daran denkt, dass irgendwann mal ein Engel an seinem Bett stehen würde. Was würde dann passieren? Aber er traut sich nicht zu fragen. Mutter hat währenddessen eine große Laterne an den untersten Zweig des Kirschbaumes gehängt und nun verbreitet sie ein angenehmes warmes Licht. Peter entspannt sich wieder, als die Lichtstrahlen ihn erwärmen. Es wird schon nicht so schlimm werden, Hassan hat ja auch keine Angst, das sieht er ihm an. Die Mutter ist gerade mit dem Aufräumen fertig geworden, nun zieht sie sich einen bequemen Korbsessel heran und setzt sich zu ihnen. Sie beginnt zu erzählen: „Der Glaube an die Engel ist etwas Wichtiges im Islam, genauso wie wir an die Bücher, die Gott uns gegeben hat - wie den Koran oder die Bibel - glauben. Es gibt einen Vers im Koran, da wird auf die Engel direkt hingewiesen, er lautet ungefähr: 'Und wer nicht an Gott, seine Engel, seine Schriften, Gesandten und den Jüngsten Tag glaubt, der ist weit irregegangen'." „Mit den Gesandten, da ist

auch der Prophet Muhammad gemeint?", will Peter wissen. „Ja, es gibt eine Menge Gesandte, du kennst vielleicht einige davon, der erste Prophet war Adam, dann waren da neben vielen anderen noch Jonas, Moses, Jesus". Peter will mehr wissen: „Ist das der Jonas mit dem Wal, der ihn verschluckt hatte?" „Genau der!" Peter ist ein wenig stolz auf sich, so dumm, wie er immer dachte, ist er gar nicht! Auch Hassan klopft ihm anerkennend auf den Rücken.

Peter wendet sich an ihn, denn er will wissen: „Hast du schon einmal einen Engel gesehen?" „Nein, gesehen habe ich noch keinen, sie sind für uns unsichtbar, mein Papa hat mir erzählt, dass Gott sie aus Licht gemacht hat." „Schade, ich wäre gern ein Engel." „Sag das nicht", Vater schüttelt den Kopf, „sei froh, dass du ein Mensch bist, der selbst entscheiden kann, was er machen möchte, die Engel können das nicht." „Oh, das wusste ich nicht. Aber spürt man nicht manchmal, dass ein Engel in der Nähe ist?" Peter ist von den Engeln ganz angetan. Mutter lacht: „Ja, das Gefühl kenne ich, manchmal habe ich auch das Gefühl, als würde gerade ein Engel über meine Schulter sehen."

„Und doch hat Muhammad Dschibril gesehen", fährt Vater fort, „dieser Engel kam viele Male zu ihm im Auftrag von Gott. Es gibt eine Geschichte, in der ganz offensichtlich die Engel den Menschen geholfen haben. Es war während der ersten, richtigen Schlacht zwischen dem kleinen muslimischen Heer gegen das große Heer der Ungläubigen, die den Islam bekämpften. Gott hatte in einem Vers des Korans versprochen, ihnen zu helfen. Da steht: ‚Siehe, ich helfe euch mit tausend Engeln, einer hinter dem anderen'. Später berichteten die Geschlagenen von ihren Visionen; der eine hat ein Pferd gesehen, dessen Hufe niemals die Erde berührten, andere erzählten, wie eine Wolke sie gestreift hatte, aus der Pferdegewieher ertönte."

Hassan grinst Peter an: „Die Feinde von Muhammad müssen damals bestimmt große Angst gehabt haben, denn sie konnten sich nicht vorstellen, was mit ihnen geschah." Peter grinst zurück, ihm ist es aber nicht gerade wohl zumute, er sieht sich um, blickt in den nun dunklen Garten und zum Himmel hinauf.

Wo überall könnten Engel sein? Es schaudert ihn ein wenig und vorsichtshalber fragt er noch den Vater: „Können Engel böse sein?" Hassan lacht aus vollem Hals, Vater und Mutter aber schütteln leicht den Kopf, auch sie müssen über diese Frage schmunzeln. Vater steht auf, hebt Peter von seiner Bank hoch und setzt ihn dahinter wieder auf die Erde zurück: „Nein", sagt er noch immer lächelnd, „sie tun dir wirklich nichts." Er gibt ihm einen Stups und sagt: „Es wird Zeit für euch, ab in euer Baumhaus, aber vorher waschen und Zähne putzen!"

Hassan flüstert Peter beim Zähneputzen zu: „Ich finde es toll, dass deine Eltern dich bei uns übernachten lassen." „Nun ja, mein Vater hält viel von deinem Vater, sie passen eigentlich gut zusammen."

Für zwei ist nicht viel Platz zum Schlafen im Baumhaus, sie müssen eng zusammen rücken. Lange sagen beide nichts, ihre Blicke gehen durch das kleine Fenster und die offene Tür hinaus in den dunklen Himmel und jeder hängt seinen Gedanken nach. Dann, nach einer ganzen Weile, dreht sich Hassan zu Peter um und sagt: „Es gibt so viele Engel, aber die für uns wichtigsten haben wir noch gar nicht erwähnt. Bei jedem Menschen halten sich zwei Engel auf, die alles, was der Mensch tut, aufzeichnen. Ein Engel schreibt nur das Schlechte auf und der andere Engel das Gute und zum Jüngsten Tag werden dir diese Schriften vorgelegt und Gott ist dann der Richter. Ich hoffe, ich kann so viele gute Taten vollbringen, dass meine Fehler dann nicht so schwer wiegen."

Noch halb im Schlaf denkt Peter: „Hoffentlich wiegen meine guten Taten auch schwerer."

1. Auflage

www.salam-verlag.de
Salam Kinder- und Jugendbuch Verlag KG
Unterwerkstr. 5
79115 Freiburg i. Br.

Umschlag: Andreas Kirchner
Illustrationen: Linni Lind
Lektorat: Jenny Kühne
Satz: Rombach Druck- und Verlagshaus GmbH & Co. KG, Freiburg i. Br.
Druck: Poppen & Ortmann KG, Freiburg i. Br.
Bindung: walterindustriebuchbinderei GmbH, Heitersheim
ISBN 978-3-9813943-1-3